Portfolios im Kindergarten

Das schwedische Modell

Lernschritte dokumentieren, reflektieren, präsentieren

Göran Krok
Maria Lindewald

Verlag an der Ruhr

Titel der schwedischen Originalausgabe:
Portfolio I Förskolan – *Att Komma Igang*

Titel der deutschen Ausgabe:
Portfolios im Kindergarten – *das schwedische Modell*

Autoren: Göran Krok, Maria Lindewald
Titelbildmotive: www.PixelQuelle.de (Foto rechts unten)
www.Fotolia.de
Illustrationen: Göran Krok
Übersetzung: Alexandra von Weber Essle
Bearbeitung für Deutschland: Verlag an der Ruhr
Druck: Druckerei Uwe Nolte, Iserlohn

Verlag an der Ruhr
Alexanderstraße 54 – 45472 Mülheim an der Ruhr
Postfach 10 22 51 – 45422 Mülheim an der Ruhr
Tel.: 02 08/439 54 50 – Fax: 02 08/439 54 239
E-Mail: info@verlagruhr.de
www.verlagruhr.de

ISBN 978-3-8346-0242-8

geeignet für die Altersstufen 3 4 5 6 7 8

Die Schreibweise der Texte folgt der neuesten Fassung der Rechtschreibregeln – gültig ab August 2006.

Vorwort

Warum ein Buch zur Portfolioarbeit in Schweden?

Der Entstehungsprozess dieses Buches begann mit einer Diskussion über unsere schwedischen Bildungspläne und den Auftrag der Kindergärten* und Kitas.
Wie können wir die Bildungsvereinbarungen in unseren Einrichtungen konkret umsetzen? Was will das Kind lernen? Wie lernt es? Welche Erwartungen haben die Eltern? Was finden wir als Pädagoginnen wichtig?**
Unsere Gespräche und Überlegungen dazu führten uns schließlich zu der Arbeit mit Portfolios. Wir waren und sind der Meinung, dass die Portfolios eine sehr gute Methode sind, die Lernentwicklung der Kinder und damit auch unsere eigene Arbeit in unserem Kindergarten zu dokumentieren und zu reflektieren. Wir selbst arbeiten in dem Kita-Unternehmen Skrattegi, förskola och utbildning AB. Göran Krok leitet eine unserer Kitas und Maria Lindewald ist die Entwicklungschefin des Unternehmens. Zusätzlich zu dieser Arbeit halten wir Vorträge und sind als Berater in unseren Einrichtungen tätig. Wir haben in mehreren Einrichtungen die Portfolioarbeit begleitet. Das Wichtigste war, die Struktur und den Inhalt des Portfolios zu erarbeiten, zusammen mit einem Modell für die praktische Portfolioarbeit. Wir haben an den verschiedenen Prozessen in der Praxis teilgenommen und konnten so herausfinden, was gut funktionierte und wo Probleme entstanden. Genau das ist es auch, was wir Ihnen ganz ohne wissenschaftlichen Anspruch vermitteln wollen.
Diskussionen, ständige Reflexionen und die Weiterentwicklung unseres Portfoliokonzeptes begleiten uns immer wieder in unserer pädagogischen Arbeit. Wie sollte nun der Inhalt des Portfolios aussehen? Was sollte darin enthalten sein? Wie lernen die Kindergartenkinder? Was wollen sie lernen? Wie sollten wir das Material strukturieren? Wie können die Pädagoginnen die Zeit für die Portfolioarbeit in ihren Alltag integrieren? Als wir die Arbeit begannen, suchten wir vergeblich nach Material, das sich direkt an Kindergärten richtete. Für die Schule gab es bereits Literatur, aber nichts darüber, wie man Portfolioarbeit in unseren Kindergärten erfolgreich umsetzen kann. Nach unseren mittlerweile langjährigen Erfahrungen haben wir uns entschlossen, selbst ein Buch herauszugeben, in dem wir Einblicke in unsere schwedische Portfolioarbeit geben. Wir hoffen nun, dass unsere Erfahrungsberichte und unsere gesammelten Materialien so konkret sind, dass Sie im Anschluss direkt mit der Portfolioarbeit beginnen wollen.

Bei den Portfolioprojekten, die wir beleitet haben, hatte jedes Kind ein eigenes Portfolio. Jedes Portfolio enthält ein Inhaltsverzeichnis und verschiedene Formulare. Die eigentlichen Inhalte sind jedoch von Kind zu Kind verschieden. Sie entsprechen den Interessen, dem Wissen und den Erfahrungen der Kinder. Jedes Kind ist einzigartig, mit Gemeinsamkeiten und Unterschieden im Vergleich zu anderen Kindern. Ein Kind spielt gern mit Polizeiautos, ein anderes reitet lieber auf Pferden, das dritte malt unheimlich gern. Diese individuellen Unterschiede sollen auch im Portfolio sichtbar sein. Vieles von dem Material, das wir in diesem Buch präsentieren, ist Ihnen sicher aus Ihrer täglichen Arbeit bekannt. Wir hoffen jedoch, dass wir Ihnen auch eine Reihe neue Anregungen geben können, die Sie neugierig auf die Portfolioarbeit machen und Ihnen den Einstieg erleichtern.

Das Portfolio für den Kindergartenalltag

Ausgangspunkt unserer Arbeit war, ein Portfoliokonzept zu entwickeln, das für jeden im Kindergartenalltag gut handhabbar ist. Wir haben daher nach einfachen Lösungen gesucht, die die Arbeit erleichtern, strukturieren und fokussieren.
Unser Buch richtet sich an alle Pädagoginnen, die gern mit der Portfolioarbeit beginnen möchten. Es begleitet aber auch diejenigen, die sich bereits auf den Weg gemacht haben. Unser Ziel war dabei, ein konkretes, einfaches und leicht verständliches Buch zu schreiben. Zeichnungen, Fotos, Formulare sowie Erzählungen über den Alltag der Kinder und Pädagoginnen sollen Ihnen unsere Erfahrungen mit dem schwedischen Portfoliokonzept näherbringen. Das Portfolio dokumentiert die Entwicklung des Kindes. Das sollte auch im Portfolio sichtbar sein. Manchmal haben wir Pädagoginnen die Neigung, sehr viel auf einmal erreichen zu wollen. Wir wollen bereits zu Beginn ein perfektes Endprodukt, ein fertiges Portfolio haben. Das kann leicht dazu führen, dass wir bei der Portfolioarbeit unsere eigene Leistung stärker betrachten als die Entwicklung der Kinder. Wir in Schweden arbeiten mit Kindern vom ersten bis zum sechsten Lebensjahr – das sollte auch im Portfolio sichtbar werden. Es ist ja das Material der Kinder, das berichten soll.

---

* Der besseren Lesbarkeit wegen verwenden wir hier nur den Begriff Kindergarten. Gemeint sind aber auch Einrichtungen wie Kindertagesstätten o.Ä.

** Da im Elementarbereich zum größten Teil Frauen arbeiten, verwenden wir hier der besseren Lesbarkeit wegen durchgängig die weibliche Form, damit sind aber selbstverständlich auch alle Männer, sprich Pädagogen, Erzieher usw. angesprochen. Außerdem verwenden wir durchgängig den Begriff „Pädagogin". Damit sind selbstverständlich auch alle Erzieherinnen, Sozialpädagoginnen, Kinderpflegerinnen usw. gemeint.

Danksagung

Wir wollen den Kindern, den Pädagoginnen und den Eltern danken, die an der Entwicklungsarbeit des Portfoliokonzepts teilgenommen haben. Das sind die Kita Hästhagen in Tyresö (Lust & lära utbildning), die Kitas Zetterlund, Kragstalund und Lundagård in Vallentuna (Skrattegi Förskolor och utbildning), der Kindergarten Pipmakaren in Stockholm (Söder Triaden förskolor, skola) sowie die Kitas Bågen, Eknäs und Iris in Nacka (Unike Förskolor).

Viel Freude beim Lesen wünschen Ihnen

Göran Krok und Maria Lindewald

1 Portfolio – für wen?

Das Kind

Das Portfolio begleitet das Kind während der ganzen Kindergartenzeit. Mit Eintritt in den Kindergarten wird für das Kind ein Portfolio angelegt, das sich, ebenso wie das Kind, im Laufe der Zeit immer weiterentwickelt. Das Portfolio dokumentiert wie ein roter Faden die Lernentwicklung jedes einzelnen Kindes. Dabei ist es wichtig, dass alle Gruppen die gleiche Aufteilung des Portfolios verwenden, um die Kontinuität und einen eventuellen Wechsel in eine andere Gruppe zu erleichtern. Die Aufgabe der Pädagoginnen ist es, die Verantwortung für die Portfolios zu tragen und dem Kind das Portfolio zu erklären.

Das Portfolio sollte daher so angelegt sein, dass es für alle Kinder verständlich ist. Besonders wichtig ist, dass die Inhalte im Portfolio keiner Wertung unterzogen werden und so keinen Leistungsdruck bei den Kindern auslösen. Es ist also gleichbedeutend, einen Stiefel anziehen zu können oder einen Dinosaurier zeichnen zu können.

In den Kindergärten haben wir über einen langen Zeitraum das Material, welches die Kinder angefertigt haben, in Ordnern aufbewahrt. Ein großer Nachteil war jedoch, dass dieses Material oft von uns nicht nach bestimmten Kriterien ausgesucht wurde und wir kein gemeinsames, einheitliches Konzept für die Auswahl entwickelt hatten. Das bedeutete, dass manche Kinder sehr wenig im Ordner hatten, andere dagegen sehr viel. Unser Portfoliokonzept gibt einen strukturierten Rahmen für alle vor und lässt gleichzeitig Raum für die individuelle Dokumentation aller Lernprozesse.

Das Portfolio dokumentiert die Entwicklung des Kindes. Daher sind die Portfolios in unserem Konzept in bestimmte Rubriken eingeteilt. Die Aufteilung ist dabei in jedem Portfolio gleich, die Inhalte dagegen sehr individuell. So enthält das Portfolio z.B. die Rubriken „Ich“, „Ich kann“, „Familie“ und „Freunde“. Diese Einteilung wird mit Symbolen verdeutlicht, die den Kindern bekannt sind. Diese Symbole können die Kinder schon erkennen, bevor sie überhaupt lesen können. Unser Bestreben ist es, dass jedes Kind mit Hilfe des Portfolios sagen kann: „Ich kann lernen, wenn ich will!" und „So mache ich es, wenn ich etwas lernen will".

Die Eltern

Das Portfolio fördert die Zusammenarbeit und die Kooperation mit den Eltern. Da das Material in den Portfolios von den Kindern erarbeitet wurde, bietet es eine gute Gesprächsgrundlage über die Entwicklung und die gemeinsame Förderung des Kindes. Die Eltern und Pädagoginnen können anhand der Portfolios gemeinsam reflektieren, was und wie das Kind zu Hause und im Kindergarten lernt. Auf diese Weise werden auch die Eltern mit in die Portfolioarbeit einbezogen. Die Materialien im Portfolio verdeutlichen ihnen das Spielen, die Entwicklung und das Lernen ihrer Kinder. Außerdem veranschaulichen die Materialien die Strategien, die von ihren Kindern angewendet werden, um Wissen zu erlangen. Und nicht zuletzt bekommen die Eltern so einen guten Einblick in die Arbeit der Pädagoginnen und in den Alltag des Kindergartens. Das verbessert oft den Kontakt und die Zusammenarbeit zwischen dem Elternhaus und dem Kindergarten.

Die Pädagoginnen

Das Portfolio erleichtert den Pädagoginnen, die Fähigkeiten des einzelnen Kindes bewusst wahrzunehmen. So kann auch das Vertrauen der Pädagoginnen in die eigene Beobachtungsgabe gesteigert werden. Die Materialien der Kinder zeigen, welche Anregungen den Kindern geboten werden und welche Förderung sie erhalten. Das Portfolio dokumentiert die Arbeit im Kindergarten sowie das individuelle Lernen des Kindes. Es ist demzufolge ein hervorragendes Hilfsmittel, den Kindern und Eltern dies anschaulich zu verdeutlichen.

Als wir mit der Portfolioarbeit begannen, überlegten wir, welche Materialien ins Portfolio passen könnten, die die Kinder bereits erstellt hatten. Vor allem zu der Rubrik „Ich" gab es bereits eine Menge Material. Sie zeigt, wie das Kind aussieht und was es fühlt. Die Rubriken „Familie" und „Freunde" sollen die Sozialkontakte des Kindes dokumentieren. Die Rubrik „Was wir machen" beinhaltet Aufzeichnungen aus dem Kindergartenalltag; unsere Rituale, Spiele, Traditionen und Themen. Das gehörte also schon zu unserer bis dahin üblichen Dokumentation.

Damit war schon ein erster Grundstein gelegt. Anschließend fragten wir uns, was hinzugefügt und entwickelt werden sollte. Wir beschlossen, die Rubrik „Ich kann" hinzuzufügen. Hier dokumentieren die Kinder ihre Interessen, was sie gelernt haben und was sie gern machen. Als Zweites kam die Rubrik „Ich finde …" neu hinzu. Die Meinung unserer Kinder ist uns wichtig. Wir wollen unsere Kinder ernst nehmen und zu selbstständigen, reflektiert denkenden Menschen erziehen. Diese Rubrik bietet Raum, die Meinungen und Gedanken der Kinder auch zu dokumentieren. Diese beiden Rubriken hatten wir früher noch nicht dokumentiert und nun neu hinzugefügt.

Unsere Arbeit konnte beginnen!

Für die Portfolioarbeit gilt: Der Weg ist das Ziel! Alles geschieht in einem fortlaufenden Prozess, das gilt für die Kinder wie auch für uns Pädagoginnen. Nehmen Sie sich Zeit für die Portfolioarbeit! Sie werden sehen, dass sich mit der Zeit nicht nur die Portfolios selbst, sondern auch Ihre Arbeit damit ständig weiterentwickeln werden. Je stärker wir das Augenmerk auf den Prozess richten, desto mehr werden wir sehen und erkennen.

Bestimmen Sie auch nicht zu viel im Voraus, was ins Portfolio gehören soll. Lassen Sie es zunächst lieber eine Dokumentation der Arbeit sein, die Sie bereits machen, und beginnen Sie mit kleinen Schritten! Seien Sie stolz auf Ihre Arbeit! Unsere Erfahrungen mit der Portfolioarbeit haben gezeigt, dass sowohl die Kinder als auch deren Eltern von den Zeichnungen, Fotos usw. in den Portfolios immer sehr begeistert sind, die wir gemeinsam auf dem Weg der Kinder gesammelt haben.

2 Portfolio – Zusammenhänge verdeutlichen

Die Lernprozesse jedes Kindes sind einzigartig. Jedes Kind hat das Recht, seine eigene Entwicklung und seine Art des Lernens zu erkennen. Das Portfolio kann helfen, den Kindern Zusammenhänge zu verdeutlichen. Indem die Portfolios immer wieder auch mit den Kindern gemeinsam entwickelt werden, Sie mit ihnen über die einzelnen Materialien sprechen, bekommen die Kinder einen konkreten Überblick über ihr Lernen. Das Portfolio konzentriert sich dabei stets auf das, was das einzelne Kind kann, denkt und was es meint. Es zeigt auch den Alltag des Kindes. Alle Aktivitäten in Ihrem Kindergarten geschehen in einem Zusammenhang und haben großen Einfluss darauf, wie sich das Kind entwickelt, wie es lernt und wie es wächst. Das Portfolio bietet Möglichkeiten, dies zu dokumentieren und zu reflektieren.

Der Rahmenplan zum Portfolio

Die Arbeit mit Portfolios kann den Grundstein für ein lebenslanges Lernen legen. Die Beobachtungen der Pädagoginnen richten sich dabei auf zwei Aspekte: „Was lernt das Kind?“ und „Wie lernt das Kind?“ Welche Lernstrategien wendet es an? Die beiden Aspekte des „Was?“ und „Wie?“ sind gleich wichtig. Das kann man mit dem Zerlegen eines Motors vergleichen. Jedes Teil ist wichtig, aber erst durch das Zusammenspiel kann der Motor funktionieren. Zum Auftrag des Kindergartens gehört es, den Kindern dieses Zusammenspiel als eine Ganzheit zu vermitteln. Die Arbeit im Kindergarten konzentriert sich auf das Spielen, das Wohlfühlen, die Entwicklung und das Lernen der Kinder. Dem Kind sollte zunehmend verdeutlicht werden, dass das, was es tut, kann und lernt, sinnvoll ist. Daraus ergibt sich gleichzeitig eine Hoffnung und Zuversicht für die Gegenwart und die Zukunft: „Ich kann!“, „Ich will!“, „Das geht!“, „Das macht Spaß!“, „Ich bin eine eigene Person!“.

Die eigenen Ziele des Kindes

Kinder sind von Natur aus neugierig und sehr an ihrer Umwelt interessiert. Viele Ziele setzen sich die Kinder selbst. Wir brauchen sie nicht zu „erfinden". Jedes Kind hat eigene Ziele, unabhängig von Behinderungen, Elternhaus und Persönlichkeit. Sich selbst ein Ziel zu setzen und darauf hinzuarbeiten, ist für die Entwicklung des Kindes ebenso bedeutsam wie Erfolgs-, aber auch Misserfolgserlebnisse, wenn es das Ziel erreicht hat oder eben nicht. Denken Sie nur an die ersten Tage der Kleinen im Kindergarten. Unermüdlich sind sie beschäftigt, ihre neue Umgebung zu verstehen, zu beherrschen und an ihr teilzuhaben. Sie probieren die Rutsche aus, werfen den Ball und hüpfen auf der Matratze. Wir brauchen sie dazu nicht ermuntern. Kinder machen diese Aktivitäten, weil ihre Umwelt sie dazu anregt und weil sie mit ihren eigenen inneren Zielen übereinstimmen. Was Kinder nicht sofort beherrschen, machen sie wieder und wieder, bis es schließlich gelingt. Dann stellen sie sich einer neuen Herausforderung. Unsere Aufgabe ist, die Voraussetzungen dafür zu schaffen. Wir vermitteln den Kindern Werte und Regeln sowie eine anregungsreiche Umgebung. Diese sollte möglichst vielfältig sein und verschiedene Interessen berücksichtigen. So können in der pädagogischen Arbeit mit den Kindern die inneren Ziele angeregt, herausgefordert und bewusst gemacht werden. Die Ziele, die vom Kind nicht selbst gestellt werden, sollten von uns Pädagoginnen angestrebt und bewusst gemacht werden. So zum Beispiel das Ziel des sozialen Lernens.

Beispiel

So ist es zum Beispiel ein Ziel der dreijährigen Hanna, eifrig die Rutsche hochzuklettern, um dann schnell wieder runterzurutschen. Was ist aber, wenn auch andere Kinder rutschen wollen und Hanna sich nun geduldig ohne Streitereien anstellen muss? Hier muss sie sehr wahrscheinlich von uns in der Zielsetzung des sozialen Lernens unterstützt werden. Wir erklären nun Hanna, dass sie warten solle, bis sie dran sei. Es wollen ja mehrere Kinder rutschen und daher kann es etwas dauern, bis auch sie wieder rutschen kann. Alle anderen Kinder hören aufmerksam zu. Sicherlich müssen wir das Eingreifen in solche Streitigkeiten einige Male wiederholen, bis die Kinder sich selbst einigen können und das Zusammenspiel gut läuft.

Es ist sinnvoll, mit den Kindern direkt über ihre eigenen Ziele und Interessen zu sprechen. Was wollen sie lernen? Wie wollen sie es lernen? Ist es etwas, was sie im Kindergarten lernen können oder woanders? Wenn die Kinder erzählen, was sie lernen wollen, ist es wichtig, ihnen Wege aufzuzeigen. Nicht alles Lernen kann im Kindergarten ermöglicht werden, aber wir sollten dennoch den Kindern Raum geben, Lernwege aufzuzeigen.

Beispiel

Kalle, fünf Jahre, will Holzhacken lernen. Unser erster Gedanke ist: „Oh, sollen wir etwa nun auch Holz im Kindergarten hacken?" Statt diesen Wunsch direkt abzulehnen, fragen wir Kalle: „Wie hast du dir das gedacht? Kennst du jemanden, der Holz hackt?" Kalle antwortet, dass sein Opa das gut könne. Wir fragen weiter, ob denn Kalle seinen Opa bald treffen würde. Ja, das würde er am nächsten Wochenende. Wir regen Kalle an, seinen Opa zu fragen. Dieser willigt ein und sie hackten am Wochenende gemeinsam Holz.

Wir als Pädagoginnen geben aber auch Raum für die eigenen Ziele der Kinder im Alltag. Das heißt, bei den alltäglichen Tätigkeiten: wenn die Kinder rausgehen, essen, sich waschen, spielen, singen und so weiter. Auch dabei vollzieht sich eine ständige Entwicklung, die wir beobachten. Was machen sie, wenn sie in der Spielzeit frei wählen? Mit Klötzen bauen, auf der Rutsche rutschen oder in der Puppenecke Rollenspiele spielen?

Beispiel

Erik (drei Jahre) hat eine angeborene motorische Schwäche in einem seiner Beine. Als wir Erik beim Arbeiten an seinen eigenen Zielen beobachteten, wurde deutlich, wie man ihn motorisch weiter fördern konnte. Erik verwendete die Stühle, um hoch- und runterzuklettern, ununterbrochen und über einen längeren Zeitraum. Wir ließen ihm die Gelegenheit dazu und ermöglichten es, dass auch seine Freunde bei den Kletterübungen mitmachen konnten. Später setzte er sich auf ein großes Dreirad, das er schon lange sehnlich beäugt hatte.
Ausdauernd kämpfte er mit den Pedalen. Als Erik vier Jahre alt war, wollte er genau wie seine Freunde auf einem Bein hüpfen. Einige Kinder in der Gruppe konnten das bereits, andere nicht. Erik konnte es fast. „Nun mache ich so hier!", rief er und hüpfte mit Unterstützung des anderen Beines. „Wenn ich fünf bin, dann mache ich es richtig!" Die Kette der Herausforderungen, denen Erik sich stellte, war einfach und deutlich und ließ sich gut im Portfolio dokumentieren.

Die Ziele der Kinder sehen

Unsere Aufgabe als Pädagoginnen ist es, gute Voraussetzungen für (selbstständiges) Lernen zu schaffen und dafür zu sorgen, dass das Lernen bei vielen verschiedenen Gelegenheiten stattfindet. Eine wichtige Rolle spielt dabei auch das soziale Lernen.
Der Kindergarten ist eine soziale Gemeinschaft, in denen viele Kinder gleichzeitig das Recht auf Be(ob)achtung haben. Wir müssen soziale Situationen schaffen, in denen jedes Kind wachsen und sich entwickeln kann. Manchmal schaffen es die Kinder nicht, ein Problem selbstständig zu lösen. Sie streiten sich um ein Dreirad, der Turm kann nicht höher gebaut werden, der Freund will nicht das Gleiche wie man selbst und so weiter. In diesen Situationen ist es unsere Aufgabe, den Kindern Alternativen aufzuzeigen und mit ihnen gemeinsam nach einer Lösung zu suchen. Unsere Aufgabe ist es auch, die Normen und Werte im Alltag des Kindergartens zu verdeutlichen, auch in unserem eigenen Handeln. Wie verhalten wir uns den anderen gegenüber? Wie verhält man sich, wenn man sich gestritten hat? Wie kann man sich vertragen? Was gibt es für eine Alternative zum Hauen?

Die Lernstrategien der Kinder

Du bist recht schlau, was?
Nein, ich denke nur an einen Menschen, der schlauer ist, und was der an meiner Stelle getan hätte. (aus dem Film Heist)

Wir sprechen oft darüber, was Kinder lernen, aber selten darüber, wie sie lernen und wie wir das Lernen der Kinder beobachten, dokumentieren und begleiten können. Aber was ist es genau, worüber wir uns bewusst werden sollten?
Das WIE bezeichnen wir in unserem Buch als Strategien – also die Art und Weise, wie sich das Kind in der Praxis neuen, unerforschten Gebieten nähert und sie erobert. Strategien betrachten wir als konkrete Herangehensweise an das, was wir erreichen wollen. Anfangs sind wir uns oftmals nicht darüber bewusst, welche Strategien wir anwenden. Wir machen etwas auf eine Art und Weise, ohne genau zu wissen warum und wie wir es tun. Das Bewusstsein über die eigenen Lernstrategien ermöglicht jedoch erst selbstständiges Lernen und erzeugt Sicherheit in Spiel- und Lernsituationen.

Jedes Kind lernt anders und wendet unterschiedliche Strategien an – die einen lernen am besten durch Ausprobieren, die anderen planen ihr Vorgehen usw. Ziel sollte es sein, dass das Kind die Verantwortung für sein Lernen selbst übernimmt. Ideal wäre es, wenn es der Pädagogin selbst erklären kann, welche Strategie bei ihm am besten funktioniert, wenn es etwas Neues lernen will. Wenn das Kind auf dem Weg stecken bleibt, kann es den Fehler erkennen – es liegt oft nicht daran, dass es etwas nicht kann oder dass es unmöglich ist, sondern an der falschen Herangehensweise.
Wie man beginnt, ein Möbelstück von IKEA zusammenzubauen, ist auch ein Beispiel für Strategien. Man kann entweder die Bauanleitung genau lesen, nachdenken und noch einmal alles im Kopf durchgehen, bevor man anfängt, oder man schaut nur kurz die Bauanleitung an, fängt an, montiert und probiert immer wieder aus, wenn es nicht richtig funktioniert.
Wichtig ist, dass das Möbelstück so zusammengebaut wird, wie es sein soll. Wichtig ist es also, dass das Kind die Strategie entwickelt, mit welcher es persönlich am schnellsten zum gewünschten Ziel kommt. Es gibt keine Strategie, bei der man pauschal behaupten kann, dass sie für alle richtig oder falsch ist.

Solange die angewendete Strategie funktioniert, ist es die richtige Strategie für diese Person. Für die Lernentwicklung der Kinder ist es sehr wichtig, dass wir ihnen verschiedene Strategien aufzeigen und ihnen helfen, ein Bewusstsein für ihre Strategien zu entwickeln. Auch diese Aspekte können im Portfolio dokumentiert werden. Erreicht ein Kind ein selbstgesetztes Ziel nicht, ist es zum Beispiel möglich, im Portfolio eine ähnliche, vom Kind bereits bewältigte Aufgabe hervorzuholen und daran die angewendete Strategie zu besprechen.

Manchmal arbeiten wir mit Strategien, die nicht funktionieren, oder wir fühlen uns gezwungen, sie anzuwenden. Zum Beispiel: „Sitz still, und hör zu!" oder „Mach die Musik aus, wenn du liest!". Das führt im schlechtesten Fall dazu, ein Gefühl zu haben, dass man etwas nicht kann, oder gar die Überzeugung zu entwickeln, wertlos und nicht wichtig zu sein. Deshalb ist es wichtig, dass wir im Kindergarten genau beobachten und verstehen, welche Strategie das Kind gewählt hat. Wie kann man das Kind anregen, seine eigene Strategie zu entwickeln, um auf diese Weise sein Ziel zu erreichen?

Beispiel

Eine Gruppe Dreijähriger war draußen, um im ersten Schnee mit dem Schlitten den Hügel hinunterzufahren. Olof fuhr elegant den Hügel hinunter, aber bei Samuel klappte es nicht so gut. Der Schlitten blieb stecken, und er versuchte, auf dem Hosenboden zu rutschen, was nicht funktionierte. Wir sagten, er solle schauen, wie Olof das mache. Es klappte trotzdem nicht. Wir versuchten es dann mit einer genauen Instruktion: „Nimm die Hände zwischen deine Beine, fass am Griff an, setz dich, und fahr runter." Samuel fuhr. Er musste es dreimal probieren, und dann ging es leicht den Hügel hinunter. Samuels Freude war groß, als er den anderen berichten konnte „Ich kann Schlitten fahren." Hier konnten wir beobachten, dass Samuel zwar fahren wollte, er es aber zunächst nicht konnte. Wir wählten für Samuel eine Strategie von vielen aus, die er dann auch umsetzen konnte.

Es ist wichtig, dass die Pädagogin das Ausprobieren von Strategien als einen Teil des individuellen Lernens sieht. Bereits am ersten Kindergartentag eines Kindes sehen wir, dass es verschiedene Strategien verwendet. Ein Kind sitzt gern auf Mamas oder Papas Schoß und beobachtet einfach nur, was passiert. Ein anderes Kind läuft herum, fasst die verschiedenen Sachen an, spielt mit ihnen oder klettert auf bestimmten Dingen herum. Das sind zwei verschiedene Strategien, wie sich die Kinder in der für sie neuen Situation verhalten. Genau diese Strategien können wir oft bei den Kindern wiedererkennen, wenn sie älter geworden sind und zum Beispiel zur Grundschule wechseln. Nachdem die Kinder einer Gruppe ihren ersten Herbst und den ersten Winter in der Einrichtung erlebt hatten, wollten wir die Kinder an das Malen mit Wasserfarben heranführen. Papier wurde auf einen niedrigen Tisch gespannt. Farbe und Pinsel wurde für die Kinder bereitgelegt. Vier Kinder begannen gleich, zu malen, aber Pontus wollte nicht.
Er setzte sich daneben und spielte mit den Autos. Als wir sagten: „Komm Pontus, komm und schau mal!“, schüttelte er mit dem Kopf und sagte: „Nein.“ Eines der Mädchen, Felicia, malte noch weiter, als die anderen längst aufgehört hatten. Sie malte das ganze Papier aus und verbrachte so 45 Minuten. Es war jedes Mal dieselbe Gruppe, die malte, und Pontus war immer dabei. Er spielte, und manchmal schaute er bei den anderen Kindern zu, wenn sie malten. Es dauerte drei Monate, bis auch Pontus anfing zu malen. Ein halbes Jahr später konnte man keinen Unterschied zwischen ihm und den anderen Kindern mehr sehen. Alle wollten dabei sein, wenn wir Pinsel und Farbenbereitstellten.

Wir konnten also feststellen, dass Pontus viel Zeit für erste Beobachtungen brauchte. Was machen die anderen Kinder? Macht es Spaß, oder ist es gefährlich, mit der Farbe herumzuschmieren? Er wurde nicht gezwungen zu malen, aber auch nicht ausgeschlossen. Er durfte immer in der Gruppe bleiben. Interessant wird sein, wie Pontus das nächste Mal reagieren wird, wenn etwas Neues auf ihn zukommt. Wird er dann auch so viel Zeit für die Beobachtung der anderen benötigen?

Der Alltag im Kindergarten

Wir haben oft die eigenen Abläufe und Regeln im Blick, wenn wir unsere Aktivitäten planen und dokumentieren. Wir in Schweden sind daran gewöhnt, Ausflüge oder Feste zu fotografieren oder sogar einen Tag oder eine Woche mit allen dazugehörenden

Aktivitäten zu filmen. Das beruht zum großen Teil darauf, dass das konkrete Ereignisse sind, die leicht zu sehen sind. Sie gehen von einer Perspektive des Erwachsenen aus, und sie sind von Erwachsenen geplant. Wenn wir das eigene Lernen des Kindes im freien Spiel dokumentieren, wird das sofort schwieriger. Nicht selten ist das Gesehene nicht das, was wir geplant haben, zu sehen.
Wenn wir das Lernen des einzelnen Kindes beobachten, suchen wir immer nach dem „Speziellen". Das erschwert natürlich das Beobachten. Das ist es ja aber nicht! Es ist das Einzigartige jedes einzelnen Kindes, das interessant für uns ist. Es geht um das, was wir alle kennen: das alltägliche Wachsen. Etwa Kalles Interesse, sich anzuziehen, Olofs Spaß am Bauen mit den Bauklötzen, Lisa, die gelernt hat, ihren Namen zu schreiben, und Stina, die weiß, wie die Vögel heißen. Bei der Durchführung des Portfolios legen wir das Gewicht stark auf den Alltag im Kindergarten; also die Entwicklung des Kindes im täglichen „Tun". Dazu gehört natürlich auch das nicht ganz Alltägliche, wie z.B. Feste, Theaterbesuche, Museumsbesuche usw. Aber es ist der **Alltag, der wichtig ist und wo das Einzigartige geschieht!** Wir möchten daher behaupten, dass der Auftrag des Kindergartens in Bezug auf die eigenen Ziele und Strategien der Kinder bei der Portfolioarbeit folgendermaßen ausgedrückt werden kann.

Info

Der Kindergarten sollte:

- eine soziale Situation schaffen, welche die eigenen Ziele der Kinder fördert.
- eine Spiel- und Arbeitsatmosphäre draußen und drinnen schaffen, welche die Erfüllung der eigenen Ziele der Kinder fördert.
- genügend Zeit und Raum für die eigenen Ziele der Kinder im Kindergartenalltag schaffen.
- immer wiederkehrende Regeln und Rituale entwickeln und die Kinder bei der Arbeit im Kindergarten teilhaben lassen.

Die Absicht kann mit diesen Worten zusammengefasst werden:

Info

Der Kindergarten sollte einen Zusammenhang schaffen zwischen Sinn und Hoffnung, sodass jedes Kind selbstbewusst sagen kann: „Ich will und ich kann!"

3 Organisation der Arbeit, um Zeit für die Portfolioarbeit zu bekommen

Die Basisarbeit

Wenn das kleine Kind zum ersten Mal in den Kindergarten kommt, hat es keine Vorstellung davon, was es von dem Neuen alles erwarten kann. Auch nicht, was der Kindergarten von ihm erwartet. Jedes Kind begegnet der Organisation des Kindergartens und den Pädagoginnen auf verschiedene Art und Weise, abhängig von der Persönlichkeit und den früheren Erfahrungen des einzelnen Kindes.
Das pädagogische Konzept des Kindergartens ist so organisiert, dass alle Kinder Beachtung finden. Die äußeren Bedingungen für draußen und drinnen sind den Bedürfnissen und Herausforderungen der Kinder angepasst. Es gibt z.B. Computer, Bauecken, Puppenecken, Sandkästen und jede Menge Spielgeräte. In der pädagogischen Arbeit haben Sie Normen und Werte erarbeitet, ausgehend von dem Gedanken, dass alle Kinder zu Wort kommen sollen, gesehen werden, teilnehmen können, bestärkt werden und respektiert werden. Es wurden verschiedene sich wiederholende Abläufe geschaffen, damit die Arbeit in dem Kindergarten funktionieren kann, z.B. der Ablauf des Frühstücks, die Ruhephasen und das Zusammensein. Alles das bezeichnen wir als Basisarbeit.

Die Basisarbeit ist die Arbeit, die ständig in den Gruppen geschieht. Diese funktioniert, das lernen alle Kinder. Die Basisarbeit geschieht unabhängig davon, welcher Tag heute ist oder welche Erwachsenen und Kinder anwesend sind. Sie ist immer vorhanden, egal, ob sie durchdacht ist oder nicht. Wenn die Basisarbeit bewusst mit dem Blick auf die Kinder erarbeitet wurde, wird für einen stressfreien und Spaß machenden Alltag für alle (die Pädagoginnen und die Kinder) gesorgt.
Eine Voraussetzung für eine konstruktive Entwicklung und ein sinnvolles Lernen in dem Kindergarten ist also, dass die Kinder zuallererst die Basisarbeit kennen lernen.

Wie benimmt man sich z.B., wenn man spielt? Was kann man machen? Was darf man machen? Welches Material gibt es und wo? Wie soll man aufräumen? Jedes Kind fühlt sich auf diese Weise bald im Kindergarten zu Hause. Die Kinder zeigen ihren Eltern und Besuchern gerne, wie alles sein soll und was man in den einzelnen Gruppen machen kann.

Wenn die Kinder die Basisarbeit beherrschen, sind es auch die Kinder, die diese Arbeit unterstützen und weiterentwickeln. Die Kinder sind nicht immer von Erwachsenen abhängig, die zeigen, sagen und helfen müssen bei dem, was die Kinder eigentlich selbst können. Sehr oft wissen es die Kinder dann schon selbst, was getan werden muss und wo wir sie noch unterstützen können.

Unsere Rolle ist es vor allem, das Kind durch den Alltag des Kindergartens zu führen. Wenn die Basisarbeit von der Kindergruppe verinnerlicht ist, verändert sich die Rolle des Erwachsenen. Er soll da sein und ordnend sein, sodass die Entwicklung des Kindes in der Gruppe möglich wird. Wir tragen auch die übergreifende Verantwortung dafür, dass die Gruppe entsprechend den Normen und Werten funktioniert, die die Gesellschaft anstrebt. Mit anderen Worten gibt der Kindergarten auf der einen Seite allen Kindern die Voraussetzung zur Entwicklung und zum Lernen und kontrolliert auf der anderen Seite, dass die gemeinsamen Werte und Normen befolgt werden. Die Rolle der Pädagogin wird deutlicher für das Kind und konkurriert nicht mit den Eltern. Das Kind bekommt Vertrauen zur Erwachsenenwelt: „Alle Erwachsenen in meinem Kindergarten kümmern sich um mich, helfen mir, wenn ich frage." Wenn eine Pädagogin auf einer Schulung ist, krank ist oder frei hat, können andere Erwachsene sie mit Leichtigkeit in der Gruppe vertreten. Sie bekommen dann von den Kindern eine deutliche Wegweisung, was sie z.B. machen, wenn sie essen oder Mittagsruhe halten. Die Basisarbeit soll die Umgangsregeln, die Rituale, die Möglichkeiten, zu spielen, und die Entwicklung im Alltag sichtbar machen.

Die Basisarbeit ist also der feste Punkt, um den die Entwicklungs- und Vertiefungsarbeit kreist. Sollte mal eine Pädagogin oder auch ein Kind, z.B. aufgrund einer längeren Krankheit, den Kindergarten längere Zeit nicht besuchen, so wird es ihnen aufgrund der routinierten Basisarbeit nicht schwerfallen, sich schnell wieder in den Alltag des Kindergartens hineinzufinden.

Die Portfolioarbeit macht die Basisarbeit noch leichter und verständlicher. Finden sich die Kinder im Kindergartenalltag zurecht, werden für uns auch ihre Ziele sichtbarer. Der Alltag schafft Raum und Zeit, um das Bestreben der Kinder einzeln und in der Gruppe wahrzunehmen, zu hören und sie anzuregen.

Der Jahresplan

Stunde für Stunde, Tag für Tag lernt das Kind, all das Neue im Kindergarten zu verstehen. Das Kind wächst in einen Zusammenhang hinein. Um sich auf die richtigen Dinge zur rechten Zeit konzentrieren zu können, sollte der Kindergarten seine Arbeit in einer logischen und einfachen Folge planen. So werden Zusammenhänge noch deutlicher und unkomplizierter. Die Pädagoginnen brauchen, genau wie die Kinder, eine Basisarbeit, von der sie bei ihrer täglichen Arbeit ausgehen können. So kann die weitere Energie auf das genaue Beobachten und die Dokumentation gerichtet werden. Es wird ein Jahresplan benötigt. Ein Arbeitsjahr im Kindergarten besteht aus vielen verschiedenen Punkten, und das erfordert eine Reihenfolge. Diese entspricht der Entwicklung des Kindes, einzeln und in der Gruppe. Wir sollten aber auch mit gutem Gewissen von manchen Teilen der Arbeit absehen können und darauf vertrauen können, dass alles seine Zeit braucht.

Alle Kinder, die in den Kindergarten kommen, haben eigene Ziele. Diese muss der Kindergarten entsprechend seinem Auftrag beachten. Wir müssen die Kinder bei der Umsetzung der Ziele stimulieren, ihnen helfen, sich weiterzuentwickeln, sodass sie sich in eine positive Richtung entwickeln. Der Auftrag des Kindergartens ist es auch, wie oben genannt, verschiedene Ziele der Gesellschaft zu verankern und zu präsentieren, so z. B. die Würde jedes einzelnen Menschen, die Demokratie, die Meinungsfreiheit, sowie ein Bewusstsein für die Natur und die Umwelt zu schaffen.
Der Kindergarten sollte einen möglichen Weg für die Entwicklung eines jeden Kindes in einem sozialen Zusammenhang bereithalten.
Wann und wie soll dieses geschehen? In welcher Ordnung? Wann und wie dürfen die jüngsten Kinder das erste Mal in den Kindergarten hineinschnuppern? Ab wann und wie lernen sie die anderen Kinder und die Basisarbeit kennen? Wann soll dokumentiert werden, was jedem einzelnen Kind Spaß macht und was es spannend findet? Wann sollen Entwicklungsgespräche mit den Eltern geführt werden? Wann sollen die Pädagoginnen die Gruppenarbeit planen und eventuelle Vertiefungsarbeiten? Wann sollen Elternabende stattfinden? Wann wertet die Gruppe ihre Arbeit aus? Alle diese Punkte müssen in eine logische Folge gebracht werden, sodass diese für die Kinder, Eltern und Pädagoginnen deutlich und einsichtig wird. Wir sind der Meinung, dass gerade der Kindergarten gute Voraussetzungen dazu hat, sich die Zeit

so einzuteilen, dass sie ausreichend ist für all das, was gemacht werden soll.
In jeder Situation wird etwas gelernt. Es entwickelt sich etwas, unabhängig davon, ob die Kinder auf dem Weg nach draußen sind oder z.B. mit Dinosauriern spielen. Wir brauchen uns nicht auf dem Weg nach draußen beeilen, weil dort das Lernen geschehen soll, es geschieht auch auf dem Weg dorthin.
Wir können also unseren Auftrag in aller Ruhe überall erfüllen. Wir glauben, das gilt auch für die übergreifende Planung. Vertauschen oder vermengen wir dagegen verschiedene Punkte oder beginnen am Ende der aufgestellten Reihe, erschwert das unsere Arbeit. Wenn wir z.B. zur selben Zeit einzelne Kinder bewusst beobachten wollen, eine Einheit zum sozialen Lernen durchführen wollen und ein Entwicklungsgespräch mit den Eltern planen, erscheint uns die verfügbare Zeit als zu knapp. Daher sollten wir uns zunächst auf die Einheit zum sozialen Lernen konzentrieren, uns dann später, wenn die wichtigsten Regeln des sozialen Lernens in der Gruppe eingeübt worden sind, einem einzelnen Kind bewusst widmen und dies so besser kennen lernen, sodass wir danach die Entwicklungsgespräche planen können. So konkurrieren die einzelnen Punkte nicht miteinander, und die Zeit reicht aus.

Der Jahresplan kann folgendermaßen aussehen:

August – September

- erneute Eingewöhnung aller Kinder, die nun eine längere Sommerpause hatten, und besondere Eingewöhnung der neuen Kinder
- Einführung der Basisarbeit
- Aufstellen der Materialordner

Wir gehen mit allen Kindern die Basisarbeit noch einmal bewusst durch. „Welche Regeln und Rituale hatten wir?"; „Was kommt nun im Herbst neu dazu?" Außerdem werden selbstverständlich die neuen Kinder in den für sie neuen Kindergartenalltag eingeführt. In dieser Anfangszeit achten wir darauf, dass die Materialsammler für die Portfolios am Platz stehen und dass es genügend Platz für Wanddokumentationen gibt.

September – Oktober

- Pädagogische Beobachtung des einzelnen Kindes
- Interviews mit den Kindern
- Entwicklungspläne und Entwicklungsgespräche

Wenn die Basisarbeit in der Kindergruppe verankert ist, können wir bewusster die einzelnen Kinder beobachten. Diese Beobachtungen bilden die Grundlage für die

Entwicklungspläne und die Entwicklungsgespräche für die eigenen Ziele der Kinder.
Was macht und spielt das Kind besonders gerne?
Wie kommt das Kind mit anderen Kindern zurecht?
Welche Ziele und Strategien hat das Kind?
Wir präsentieren und erarbeiten gemeinsam Vorschläge für den Entwicklungsplan, der beim Entwicklungsgespräch den Eltern vorgestellt wird.
Wir sammeln für jedes Kind verschiedenes Material für das Portfolio, welches das Lernen des Kindes zeigt. Dieses hängen sie an die Wand oder legen es in die Sammelordner.

Oktober – November

- Analyse der Kinder
- Planungstag
- Arbeitsplan
- Elternabend

Wir analysieren die Gruppe. Wie funktioniert die Gruppe? Welche verschiedenen Persönlichkeiten, Erfahrungen und Kenntnisse gibt es gerade in dieser Gruppe?
Die Entwicklungspläne der Kinder sind erstellt, den Eltern vorgestellt und von ihnen abgenommen worden. Diese Entwicklungspläne sind der Ausgangspunkt für den Arbeitsplan der jeweiligen Kindergruppen.
Die Planung kann bei den Gruppensitzungen und dem Planungstag gemacht werden. An diesem Planungstag wird auch der bevorstehende Elternabend besprochen. Hier wird der Arbeitsplan für die Gruppe den Eltern vorgestellt. Ausgehend vom Arbeitsplan entscheiden wir, welches Material eventuell noch für die Gruppe beschafft werden muss. Wir sammeln verschiedenes Material für die Portfolios und hängen es an die Wand oder legen es in den Sammelordner.

November – Dezember – Januar – Februar – März

- Durchführung des Arbeitsplanes
- Vertiefungsarbeit/Thema

Die einzelnen Entwicklungspläne der Kinder werden gemeinsam durchgesehen und als Unterlage für die Planung der Gruppenarbeit verwendet, die zur Basisarbeit dazukommt. Alles wird im Arbeitsplan der Gruppen zusammengestellt.
Wir sammeln auf verschiedene Weise Material für die Portfolios und legen es in die Sammelordner. Im Dezember/Januar, je nachdem, wann es am besten passt, gehen wir die Sammelordner durch und sortieren das Material in die Portfolios ein.

April – Mai

- Auswertung der Entwicklungspläne und des Arbeitsplans
- Entwicklungsgespräche und Auswertungsgespräche mit den Eltern
- Planungstag und Auswertung des Arbeitsplans
- Elternabend mit einer gemeinsamen Auswertung des Arbeitsplans
- Veränderungen im Herbst

Wir werten die Entwicklungspläne aus und stellen die Portfolios zusammen. Dies ist eine Vorbereitung für die weiteren Entwicklungsgespräche mit den Eltern. Im Entwicklungsgespräch ziehen wir das Portfolio als Gesprächsgrundlage heran. Hier findet eine gemeinsame Auswertung des Portfolios statt. Ältere Kinder können bei dem Gespräch dabei sein. Am Planungstag werten wir den Arbeitsplan aus. Die Auswertung wird den Eltern beim Elternabend vorgestellt. Hier können die Eltern auch über eventuelle Veränderungen im Herbst informiert werden.

Juni – Juli

- Weitere Planung der Gruppen für das neue Kindergartenjahr ab Herbst
- Fertigstellung der Portfolios

Im Juni/Juli können wir eventuelle Veränderungen im Kindergarten planen und durchführen. Müssen Material oder Funktionen zugeführt, weggenommen oder vertieft werden? Muss die Gruppe renoviert werden usw.? Der Kindergarten-Sommer wird in Schweden nach der Kinderanzahl und Öffnungszeiten geplant. Alle Portfolios werden vor dem Sommer so weit fertig gestellt.

Unsere Erfahrung ist, dass der Jahresplan den Pädagoginnen dabei hilft:

- eine sinnvolle Abfolge der Aktivitäten zu schaffen.
- Aktivitäten langfristiger zu planen und so Zeit zu haben, die Materialien zu besorgen und Detailplanungen vorzunehmen.
- sich bewusst zu machen, dass das, was für die Kinder wichtig ist, Vorrang hat.
- neue Kolleginnen in die Arbeit einzuführen.
- zu erkennen, wo man sich gerade in der gemeinsamen Vertiefungsarbeit befindet.
- herauszufinden, wo die Stärken und wo die Schwächen des Kindergartens liegen.
- den Pädagoginnen bewusst zu machen, dass sie nicht unter Druck arbeiten müssen, um ihren Auftrag zu erfüllen.

Portfolioarbeit über das ganze Jahr verteilt:

Aug., Sep., Okt., Nov., Dez.	Dez., Jan., Feb., März	April, Mai	Juni, Juli
• Wanddokumentation • Materialsammler	• Wanddokumentation • Durchgehen des Materials im Materialsammler und Einsortierung ins Portfolio	• Wanddokumentation • Materialsammler • Das Portfolio macht im Entwicklungsgespräch das individuelle Lernen deutlich.	• Wanddokumentation • Materialsammler • Vorbereitung des Herbstes

Wenn man mit der Portfolioarbeit beginnt, hilft der Jahresplan, die Arbeit zu strukturieren. Er verdeutlicht, was wann gemacht werden muss.

Die Bedeutung des pädagogischen Konzepts bei der Portfolioarbeit

Das Portfolio verdeutlicht die Zusammenhänge zwischen dem Lernen des Kindes und dem pädagogischen Konzept des Kindergartens. Die eigenen Ziele der Kinder sollten ständig angeregt und herausgefordert werden. In einem gut organisierten Kindergarten mit einem gut durchdachten pädagogischen Konzept finden die Kinder all das, was wichtig für ihr Lernen ist. Der vorgegebene Bildungsplan gibt den Pädagoginnen vor, was die pädagogische Kindergarten-Arbeit beinhalten sollte.
Dabei sollten den Kindern so viele Angebote wie möglich zur Verfügung stehen.
Die Kinder wählen entsprechend ihren eigenen Zielen. Wir schaffen die Voraussetzungen dafür. Für ein Konstruktionsspiel werden z.B. eine Menge Bauklötze benötigt, damit die Kinder diese zusammenbauen können. Außerdem sollte die Möglichkeit gegeben sein, dass der Bau eine Weile stehen bleiben kann. Für die Kinder, die in ihrem

Lernen vertieft sind, ist es wichtig, dass sie am nächsten Tag dort weitermachen können, wo sie am Tag zuvor aufgehört haben. Wir sollten den Kindern immer die Zeit, die Entscheidungsfreiheit und das freie Spiel geben.

Beispiel

Edward kommt morgens gegen neun Uhr. Er möchte das Bauen fortsetzen, das geht aber nicht, weil die Kinder sich im Stuhlkreis versammeln sollen. Als die Morgenrunde zu Ende ist, will Edward zu seinem Bauwerk laufen, aber er wird von einer Pädagogin gestoppt. Sie sagt: „Nun wollen wir alle auf die Toilette gehen, dann ziehen wir uns an und gehen raus.“ Edward spielt im Garten, kommt dann rein, wäscht sich, hat wieder einen Stuhlkreis, und nun folgt die Mittagsruhe. Danach will Edward endlich zu den Bauklötzen, aber es sollen Weihnachtsmänner gebastelt werden, weil bald Weihnachten ist. Dann ist es Zeit für einen kleinen Snack, und Edwards Mama kommt, um ihn abzuholen. Edward fängt an, zu weinen, und schluchzend sagt er: „Aber, ich durfte ja gar nicht spielen.“ Die Mama und die Pädagogin antworten: „Du hast doch den ganzen Tag gespielt.“

Wenn wir den Kindern eine anregende Spiel- bzw. Lernatmosphäre anbieten wollen, müssen sie auch Zeit für das freie Spielen, für ihre eigene Wahl (ihre Ziele) bekommen. Um eine Spiel- und Lernatmosphäre zu schaffen, die so anregend und kindgerecht wie möglich ist, sollten die Kinder immer wieder in die Planung mit einbezogen werden und Verbesserungsvorschläge anbringen dürfen.

Beispiel

In einer Gruppe Fünfjähriger wurde die Puppenecke des Raumes nicht benutzt. Wir fragten die Kinder, warum sie diese Ecke nicht mehr nutzen. Nach einer gemeinsamen Diskussion einigten wir uns darauf, diese Ecke umzugestalten. Es sollte eine Kuschelecke werden, wo man Bücher anschauen, auf Kissen liegen und Geschichten anhören kann.

Manchmal ändern wir Pädagoginnen Dinge voreilig, ohne die Kinder selbst zu fragen.

Beispiel

In einem Gruppenraum der kleinsten Kinder hing eine Hängematte. Diese wurde anfangs nicht benutzt. Wir diskutierten darüber, ob man sie für eine Weile wegnehmen solle. Vielleicht war sie eine zu große Herausforderung für die kleinen Kinder. Eine Kollegin wollte sie jedoch nicht zu voreilig weghängen. Sie meinte, sehnsüchtige Blicke gesehen zu haben. Wenn man nur etwas warten würde, würden sich die Kinder der Hängematte schon noch annehmen. Einige Wochen später fingen die Kinder an, Puppen, Teddys, Bauklötze, Autos, ja alles, was man sich denken kann, in die Hängematte zu legen, um sie zu schaukeln. Eines Tages sammelte Emma ihren Mut und kletterte zum Erstaunen aller in die Hängematte. Als sie den ersten Schritt gemacht hatte, sahen die anderen Kinder, dass es möglich war, und ein ständiges Schaukeln in der Hängematte begann. Wie gesagt, alles geschieht in Prozessen, und diese sind individuell verschieden. Es gilt nur, die eigene Lernstrategie als einen funktionierenden Weg zu finden.

Es ist also oft sinnvoll, den Kindern für ihre eigene Lernentwicklung Zeit zu geben. Nicht alle Lernschritte sollten von uns Pädagoginnen vorgegeben, nicht immer der ganze Kindergartentag verplant werden. Auch bei der Gestaltung der Räume sollten die Kinder da, wo es möglich ist, mit einbezogen werden, um ihren Ansprüchen gerecht zu werden.

Info

Die eigenen Lernstrategien finden die Kinder besonders dann, wenn

- das pädagogische Konzept des Kindergartens für alle Beteiligten einsichtig ist.
- die äußeren Bedingungen so geschaffen sind, dass alle Kinder sich jedes Material nehmen können. Dieses sollte für alle sichtbar und leicht erreichbar sein.
- das pädagogische Konzept so aufgebaut ist, dass die Kinder immer wieder angeregt werden, zusammenzuarbeiten und voneinander zu lernen.
- die Kinder die Möglichkeit haben, selbst zwischen verschiedenen Aktivitäten zu wählen.

4 Die Gliederung des Portfolios

Das Leben ist das, was passiert, während du eifrig damit beschäftigt bist, Pläne zu machen.

(John Lennon, nach Betty Talmadge)

> *Der Kindergarten soll den Kindern Geborgenheit geben und sie gleichzeitig zum Spielen und zu anderen Aktivitäten verführen, so z.B. die Umwelt erforschen zu wollen. Im Kindergarten soll das Kind Erwachsenen begegnen, die die Möglichkeiten jedes Kindes sehen und die sich bei der Zusammenarbeit mit dem einzelnen Kind und der Kindergruppe engagieren.*
>
> (vgl. schwedischer Bildungsplan, Lpfö 98, S. 9)

Das Portfolio gehört dem Kind. Wir helfen jedoch den Kindern, das Material zu sammeln und auszusuchen. Mit der Zeit versteht das Kind den Sinn des Portfolios, denn wir sprechen und reflektieren in regelmäßigen Abständen mit dem Kind die Auswahl des Materials. Wir haben verschiedene Beispiele zu jeder Untergliederung herausgesucht, um zu verdeutlichen, was in die einzelnen Rubriken des Registers gehören kann. Es sind Beispiele aus den Kindergärten, mit denen wir gearbeitet haben.
Diese Beispiele sind kein „Muss" dafür, was im Portfolio sein sollte. All das, was jedes Kind macht und lernt, bestimmt den Inhalt des jeweiligen Portfolios. Es ist das, was wir im Alltag mit den Kindern machen. Wenn vorher schon ganz genau festgelegt wird, was im Portfolio vorhanden sein soll, kann es leicht passieren, dass wir alle

Hände voll zu tun haben, das Geplante zu erledigen, anstatt von dem auszugehen, was das Kind zur Zeit tatsächlich macht und lernt.
Wichtig ist, dass die Gliederung des Portfolios

- für das Kind begreifbar ist.
- gut strukturiert ist, sodass die Arbeiten leicht in die entsprechende Rubrik des Portfolios eingeordnet werden können und auch leicht zu finden sind.
- so geordnet ist, dass man übersichtlich zeigen kann, was das einzelne Kind kann und in welchem Zusammenhang es sich entwickelt. „Was habe ich gelernt?" „Wo, wann und wie habe ich das alles hier gelernt?"

Wir haben eine Gliederung gewählt, die es uns ermöglicht, zu zeigen, dass alle Kinder während der Kindergartenzeit lernen und sich weiterentwickeln. Dafür ist das Portfolio in die folgenden Rubriken eingeteilt:

- **Ich**
- **Ich kann**
- **Familie und Freunde**
- **Was wir machen**
- **Ich finde**

Diese Rubriken zeigen die grundlegenden Bestandteile, die ein Kindergartenkind beherrscht, wenn es sich bewusst mit dem eigenen ICH auseinandersetzt.
Sie verdeutlichen einen Zusammenhang zwischen dem ICH und der Umwelt, gleichzeitig bilden sie ein Fundament für die individuelle Entwicklung und das lebenslange Lernen des einzelnen Kindes.

Ich	Ich kann	Familie und Freunde	Was wir machen	Ich finde
Fokus auf Ausbildung, Lernen, Normen und Werte (Bestandteile des schwedischen Bildungsauftrags Lpfö-98)	Fokus auf Ausbildung und Lernen (Bestandteile des schwedischen Bildungsauftrags Lpfö-98)	Fokus auf Normen und Werte (Bestandteile des schwedischen Bildungsauftrags Lpfö-98)	Fokus auf Entwicklung und Lernen (Bestandteile des schwedischen Bildungsauftrags Lpfö-98)	Fokus auf die Meinung des Kindes (Bestandteile des schwedischen Bildungsauftrags Lpfö-98)
Identität – „Wer bin ich?"	Aktivitäten, die vom Kind ausgehen – eigene Ziele und Strategien	Die Gruppe, zu der ich gehöre	Aktivitäten, die vom Erwachsenen angeregt werden (keine individuelle Wahl)	Interview und Auswertung
Länge messen, sich wiegen, Handabdruck, Selbstporträt usw.	Fein- und Grobmotorik, Sprachentwicklung, Buchstaben, Ziffern, Farben, Formen, Kleben, Schneiden, Musik und Rhythmus, Konstruktions- und Rollenspiele, An- und Ausziehen usw.	Porträt der Familie, des Freundeskreises „Wer gehört zu unserer Familie?" „Wer hat welche Aufgaben in der Familie?" „Wer gehört zu meinem Freundeskreis?" „Wodurch zeichnet sich ein guter Freund aus?"	Waldwanderungen, Museumsbesuche, Stuhl- und Gesprächskreise, Traditionen, Projekte zu bestimmten Themen usw.	Die Eltern schreiben für das Kind auf, was das Kind gut und nicht gut findet, was es schon gelernt hat und was es noch lernen will. Reflexionen und Auswertung, was das Kind im Kindergarten schon gemacht hat und noch machen will.

Vorschlag für die Aufteilung der jeweiligen Themen im Portfolio

Ich

Ich selbst bin der Ausgangspunkt für mein Wachsen, das, was ich mit meinem Körper machen kann, wie mein Körper sich entwickelt, was ich fühle und wie ich meine Gefühle ausdrücken kann.

Das pädagogische Konzept des Kindergartens soll dazu beitragen, dass

- *jedes Kind seine Identität entwickelt und sich sicher darin fühlt.*
- *die natürliche Neugier der Kinder erhalten bleibt und sie die Fähigkeiten zum Spielen und Lernen entwickeln.*
- *jedes Kind eine gewisse Selbstständigkeit und Selbstvertrauen entwickelt.*
- *jedes Kind die Fähigkeit entwickelt, zuzuhören, zu berichten, zu reflektieren und die eigenen Ansichten auszudrücken.*

(vgl. schwedischer Bildungsplan Lpfö, 2.2 Entwicklung und lernen, S.12)

Wenn wir Menschen unsere Umwelt verstehen wollen, gehen wir immer vom ICH aus. Bilder, Gerüche, Geräusche kommen zu mir. ICH bin es, der diese aufnimmt und verarbeitet. Das, was ich aufnehme, wird durch mein Wissen gefiltert, welches ich bereits erworben habe. Die neuen Eindrücke werden in meinem Bewusstsein entweder als neue Perspektive verankert, in neue Zusammenhänge gebracht, oder aber die neuen Eindrücke können abgelehnt werden, weil sie keine Funktion erfüllen bzw. Bedeutung für mich haben.

Ein wichtiger Teil meiner Identität ist, wie ich aussehe und wo meine Begabungen liegen. Kinder, die beginnen, die Welt für sich zu erobern, gehen ebenfalls zunächst vom ICH aus. Sie bilden Begriffe mit ihren Ohren, Augen, Fingern, Füßen usw.
Daher haben wir beschlossen, auch das Portfolio damit zu beginnen. Was bin ich für ein Mensch? Wie sehe ich aus? Welche Farben habe ich? Wie viele Zehen, Zähne, Finger und Haare habe ich? Was fühle ich? Wie fühlt sich das an?

Ideen für die Rubrik ICH können sein:
Fotografien und selbstangefertigte Porträts vom Kind, verschiedene Abdrücke seines Körpers, ein Maßband mit der Länge des Körpers, eine Haarlocke usw. Auch Zeichnungen und Reflexionen zu verschiedenen Gefühlen passen in diese Rubrik.

▶ Beispiele

Porträts

Wir haben eine Seite für kleine Fotos (z.B. Passbilder), die jährlich gemacht werden. Die Fotofolge zeigt, wie das Gesicht mit der Zeit schmaler wird und welche Frisuren das Kind gehabt hat. Selbstporträts werden gemacht, sobald das Kind zeichnen kann. Die kleineren Kinder zeichnen ihre Porträts mit Hilfe des Spiegels. So können sie ihre Augen, Wangen, Nase, Mund, Kinn und Ohren genau betrachten.
Wenn das Kind zeichnet, ist es manchmal schwer, zu erkennen, was das Kind abbilden will. Einige Kolleginnen machen deshalb eine Kopie des Bildes und schreiben dazu, was das Kind gezeichnet, gedacht und gesagt hat. Die Kopie kleben sie dann auf die Rückseite der Zeichnung.

Jonas erstes Selbstporträt

Jonas letztes Selbstporträt im Kindergarten, im Alter von 5 Jahren

Länge

Mit einem breiten Band kann man in regelmäßigen Abständen die Größe des Kindes messen. Das Band wird in der entsprechenden Länge abgeschnitten. Notieren Sie das Alter und die Größe, und sammeln Sie diese in einer Sichthülle im Portfolio. So kann den Kindern besonders anschaulich ihr Wachstum verdeutlicht werden. Wie viel bin ich gewachsen, seitdem ich im Kindergarten bin?

Handabdruck

Die Handfläche wird mit Fingerfarbe eingefärbt und auf ein Papier gedruckt. Auf die Frage: „Was kannst du mit deiner Hand machen?", antwortete die dreijährige Fanny: „Sachen halten, die Gabel halten, man kann malen und den Pinsel halten. Wenn man sich die Hand bricht, kann man einen Gips haben, und man kann ein Pflaster um den Daumen haben, wenn man sich schneidet."

Beispiel

Als Blanka fünf Jahre alt ist und ihre kleine Hand betrachtet, die sie als Dreijährige gezeichnet hatte, entdeckt sie, wie viel ihre Hand inzwischen gewachsen ist. Blanka zeichnet dann ihre Hand, indem sie sie auf ein Blatt Papier legt und den Umriss mit einem Stift nachzieht. Sie zeichnet auch ihre Uhr, ihr Armband, ihre Ringe und die Fingernägel, blau mit roten Punkten. Nach einem Gespräch mit uns, wie viel ihre Hand gewachsen ist und wie sie nun aussieht, zeichnet sie ihre Hand noch einmal. Dieses Mal nimmt sie die umrissene Handabbildung als Vorlage.

Blanka zeichnet ihre Hand vom Bild des Handumrisses ab.

Blanka zeichnet den Umriss ihrer Hand nach.

Gefühle

Das Kind macht eine Zeichnung und berichtet über seine Gefühle. Die Pädagogin schreibt dann den Wortlaut des Kindes zu der Zeichnung unter das Bild.

Ich habe zwei gemalt, die sich lieb haben. Es ist schön, wenn man jemanden lieb hat.

Ich werde traurig, wenn mein Kaninchen Jock mir ins Ohr beißt. Es tut weh im Körper und macht traurig.

Im Sitzkreis diskutierten die Kinder darüber, was Mut ist. Vorher hatten sie ein Märchen gelesen, gezeichnet und ein kleines Rollenspiel gespielt. Die gesammelten Antworten der Kinder zum Thema Mut werden aufgeschrieben, kopiert und in die Portfolios der Kinder einsortiert. So kann das aussehen:

Beispiel

Jesper: „Als ich Papa geholfen habe, unser Haus zu bauen, hatte ich Höhenangst. Aber ich habe ihm trotzdem geholfen."

Paulina: „Ich habe mir das Blut angeguckt, als mir ein Zahn gezogen wurde, obwohl ich Angst vor Blut habe. Ein bisschen Angst vor Blut habe ich immer noch."

Ich kann

Wenn wir uns dem Unbekannten zuwenden, nehmen wir das Bekannte, das, was wir beherrschen und können, als Ausgangspunkt.

> *Die Kinder sollten sowohl vom Austausch mit Erwachsenen lernen als auch untereinander und voneinander. Das Lernen der Kinder in einer Gruppe untereinander ist ein wichtiger und aktiver Teil der Entwicklung. Der Kindergarten unterstützt die Kinder dabei, eine positive Auffassung von dem eigenen ICH zu entwickeln und sich als lernende und schöpferische Individuen zu sehen. Die Kinder sollen dabei unterstützt werden, Vertrauen in ihr eigenes Vermögen zu haben, selbst zu denken, zu handeln, sich zu bewegen und zu lernen.*
>
> *(vgl. schwedischer Bildungsplan, Lpfö 98, Der Auftrag der Kitas, S. 10)*

Gerade Kinder definieren sich selbst sehr häufig über das, was sie – im Gegensatz zu anderen Kindern – schon können. Wozu kann ich Ohren, Augen, Nase, Mund, Kopf, Finger, Füße, Arme, Beine und alles andere, was an mir besonders ist, benutzen? Kann ich schaukeln, Fahrrad fahren, pfeifen, spucken, mich anziehen, bauen, zeichnen, singen, schreiben usw.? Wie habe ich das gelernt?

Auch die Entwicklung vollzieht sich immer ausgehend von dem, was das Kind bereits kann und versteht. Deshalb geht das Portfolio immer von den Stärken des Kindes aus und konzentriert sich auf das, was das Kind kann. Es ist das Gefühl, etwas zu können, das Hoffnung gibt und Vertrauen zum Wachsen schafft, etwas zu wollen und zu wagen, neue Herausforderungen anzunehmen und Möglichkeiten zu sehen.

Für die Rubrik „Ich kann" schlagen wir Folgendes vor:

- Fotografien mit Datum, Kommentar und Reflexion über Fertigkeiten, wie z.B. sich anziehen können, Fahrrad fahren, schaukeln, basteln.
- Fotografien von Arbeiten mit verschiedenen Materialien, wie Knete, Ton, Pappmaschee.
- Fotografien von Bauwerken aus Bauklötzen, Legos oder Höhlen, sowie auch Fotografien von Erfindungen.

Unter dieser Rubrik ordnen wir auch Zeichnungen, Malereien sowie erste schriftsprachliche Versuche ein, schließlich auch Tonbandaufnahmen von Gesprochenem, Reimen, Gedichten und Gesang.

▶ Beispiele

Tagebuchaufzeichnungen

Der Text beschreibt die Eingewöhnung eines Kindes im Kindergarten.
Es ist der zweite Tag für die dreijährige Emma.

Beispiel

> Heute bist du nach dem Ankommen direkt in die Ameisengruppe gegangen. Du bist vorausgegangen, hast aber immer nachgeschaut, ob dir die Mama nachfolgt. Du bist die Rutsche hinuntergerutscht und hast dich auf die großen Autos gesetzt. Du bist zu deinem Stuhl gegangen, auf dem du am Tag zuvor gesessen hast, und bist auf ihn raufgeklettert. Wir haben auch in der Puppenecke gespielt. Du hast mit mir am Tisch gesessen, und du hast so getan, als ob du mir Essen und Trinken anbietest. Dabei hast du aber immer noch geguckt, ob deine Mama noch da ist. Beim Abschied hast du mir die Hand gegeben und „Tschüss!" gesagt.
> Ingela Robin

Die Angebote fürs Kind

Wir schreiben zu jedem Angebot einen kurzen Kommentar. Bei dem zweijährigen Albin wurde während des ersten Halbjahres Folgendes notiert:

Beispiel

Gespräch:	hört zu, versteht, kommuniziert in einfachen Sätzen
Bücher:	mag Bücher, am liebsten Tierbücher, will immer dasselbe Buch angucken, wieder und wieder
Musik:	hört gern Musik an, steht auf und bewegt sich zur Musik, will, dass Erwachsene ihn auf den Arm nehmen und mit ihm tanzen
Bewegung:	Er hüpft und läuft, klettert gern auf Stühle und dergleichen, kann selbst auf die Rutsche klettern und runterrutschen
Puppenecke:	spielt Kochen, lädt die Freunde und Erwachsene ein, deckt den Tisch, stellt kleine Tiere ins Puppenhaus
Bauecke:	baut gern mit großen Klötzen (am liebsten zusammen mit Erwachsenen), lässt das Bauwerk dann zusammenkrachen
Autos:	spielt mit den Autos und der Parkgarage
Draußen:	will am liebsten das ganze Außengelände untersuchen kann die große Rutsche runterrutschen, spielt mit Autos und Traktoren in der Sandkiste, spielt gern mit Wasser, nimmt gern Kontakt mit größeren Kindern auf, geht gern durch alle offenen Türen
Sonstiges:	probiert neue Sachen aus, Albin war der Erste, der sich hinter dem großen Vorhang versteckt hat, kriecht unter die Tische und untersucht alles, schaukelt in der Hängematte

Besonders ausdrucksvoll sind die Kommentare, wenn man sie mit entsprechenden Fotografien ergänzen kann.

Ich bin gut darin

Eine wichtige Rubrik in unserem Portfolio ist „Ich bin gut darin". Hier sollen ganz bewusst noch einmal separat die Stärken des Kindes dokumentiert werden.

Beispiel

Conrad weiß, dass er gut Autos, die U-Bahn und Züge zeichnen kann. Er erklärt, während er zeichnet: „Das ist ein Polizeiauto, dort steht P. Die Polizei sagt: ‚Aus dem Weg!' Ein anderes Polizeiauto ist weiter weg. Die Räder sitzen fest. Es ist ein Mercedes. Tut, tut. Die Sonne geht gerade unter. Der Mond scheint ein bisschen am Abend. Ich habe von meiner Mama gelernt, wie man malt." Anton, der daneben sitzt, sagt: „Es macht Spaß, zuzugucken, wie Conrad das macht."

Conrad hat zwei Polizeiautos gezeichnet, eins im Vorder- und ein kleines im Hintergrund.

Ziele des Entwicklungsplans

Die Eltern vom dreijährigen Adam sprachen beim Entwicklungsgespräch darüber, dass für Adam die Übergabe am Morgen schwierig ist. Wir überlegten daraufhin gemeinsam, was dem Jungen besonders Spaß macht, und kamen zu dem Schluss, dass Adam gern mit dem Ball spielt. Deswegen sollte er einen Ball mit in den Kindergarten bringen. Einige Zeit spielten dann die Kinder gleich am Morgen draußen Fußball. Es stellte sich heraus, dass Adam besonders im Tor sehr talentiert war. Während des freien Spiels zeichnete er sich als Torwart. Dieses Bild wurde dann mit dem Kommentar, dass Adam ein guter Torwart geworden war, ins Portfolio geheftet. Die Information, dass Adam Schwierigkeiten mit dem morgendlichen Abschied von seinen Eltern hatte, kam dagegen nicht ins Portfolio. Das Portfolio geht von den Stärken des Kindes aus; ins Portfolio kommt somit auch nur das, worauf das Kind stolz sein kann.

„Adam als Torwart" – das Bild kommt mit Datum und Kommentar ins Portfolio.

Was man nicht ins Portfolio legen kann, aber trotzdem darin dokumentieren möchte
Im März bauten Alma, Jonny, Josefin und Sebastian an zwei Vormittagen hintereinander mit Bauklötzen. Wir reflektierten mit den Kindern wie üblich ihr Tun und notierten ihre Aussagen.

Beispiel

Alma: „Wir bauen ein Haus."
Jonny: „Wir bauen ein Schloss."
Alma: „Wir haben gestern angefangen, damit wir es schaffen."
Jonny: „Wir brauchen insgesamt einen Tag."

Die Jungen bauten weiter, und die Mädchen verwendeten das unfertige Bauwerk für ihr Spiel mit den Kuscheltieren. Später schlugen wir den Kindern vor, eine Skizze von ihrem Bauwerk zu machen. Die Kinder fragten, was das sei. Wir erklärten ihnen, dass eine Skizze eine Zeichnung davon ist, wie der Bau aussehen soll.

Beispiel

Josefin: „Wir zeichnen das, was wir zum Bau brauchen."
Sebastian: „Das sind eine Menge verschiedener Formen."
Alma: „Kannst du mir den grauen Stift geben? Weißt du, was grau ist?"

Sebastian gab ihr den Stift, nahm seine fertige Skizze und legte sie vor dem Bauwerk auf den Boden. Dann nahm er die Bausteine, die er auf seiner Skizze abgebildet hatte, und begann, zu bauen. Jonny fing nach einer Weile auch an, zu bauen, und ließ seinen Spiderman fliegen. Alma, die immer noch zeichnete, sagte: „Wir brauchen eine Katze und einen Hund, zwei Schafe und zwei Kühe und einen Vogel und einen Bär, ja, das brauchen wir."

Alma und Josefin gingen zum Bauwerk und betrachteten es. Die Jungen hören auf, zu bauen. Eine Kollegin sagte: „Wenn ihr fertig gebaut habt, darf ich dann euch zusammen mit dem schönen Schloss fotografieren? Wie findet ihr, ist euer Schloss geworden?"

Beispiel

Jonny: „Gut."
Josefin: „Sehr gut."
Alma: „Schön."
Sebastian: „Sehr schön!"

Die Reflexion wurde zusammen mit einem Foto des Bauwerks vier Mal kopiert und in die Portfolios von Alma, Jonny, Josefin und Sebastian geheftet. Dazu kamen auch noch die Skizzen der Kinder.

Josefin, Alma, Sebastian und Jonny, die zusammen ein Schloss gebaut haben. Dieses Foto kommt mit einer kurzen Reflexion, Datum und Skizzen in die Portfolios der vier Kinder.

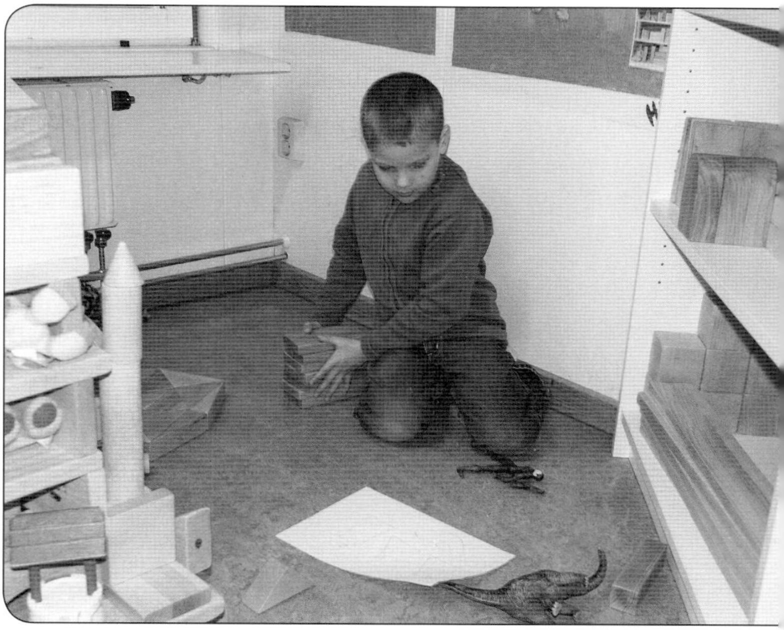

Sebastian hat seine Skizze zum Bauwerk genommen und sucht die Bauklötze entsprechend der Skizze heraus.

Sebastians Skizze

Almas Skizze

▶ Wahrnehmung des Lernens während der gesamten Kindergartenzeit

Warten zu können, bis man an der Reihe ist, ist eine der wichtigen sozialen Kompetenzen, die Kinder im Kindergarten lernen.
Ein Beispiel ist das Spiel der Zwei- und Dreijährigen mit der Rutsche. Die Kinder haben an die eine Seite der Rutsche Kinderstühlchen gestellt. Die Stuhllehnen standen zum größten Teil nach außen, sodass immer nur ein Kind auf einem Stuhl stehen konnte. Die Kinder kletterten nacheinander zunächst über die Stühle, um dann von der anderen Seite auf die Rutsche zu klettern. Sie hätten ja auch den gewöhnlichen Weg über die Leiter nutzen können, aber es machte ihnen mehr Spaß, einzeln der Reihe nach über die Stühle zu klettern.

Die Kinder erfinden ihr eigenes Spiel mit der Rutsche und lernen gleichzeitig zu warten, bis sie an der Reihe sind. Das Bild kann mit dem Kommentar „Ich kann warten, bis ich dran bin!" im Portfolio einsortiert werden.

Die Fünfjährigen haben das Wartenkönnen mit einem Namen-Memory® trainiert, welches sie selbst erstellt haben. Hier haben sie immer auf zwei Karten (ein Pärchen) ihren Namen geschrieben.

Man muss warten, bis man an der Reihe ist, wenn man das Namen-Memory® spielt. Das Foto kann mit Kommentar und Datum im Portfolio einsortiert werden.

Familie und Freunde

Das, was ICH bin und das, was ICH kann, muss immer in Beziehung zu anderen Menschen und verschiedenen Gruppen mit variierenden Normen und Werten gesetzt werden.

Memory® ist eine eingetragene Marke der Ravensburger-AG.

Grundlegende Werte müssen in der täglichen Arbeit vermittelt werden. Die Entwicklung der Werte sollte in demokratischen Formen durchgeführt werden. Damit die grundlegenden Werte sichtbar geltend gemacht werden, sollte in der täglichen Arbeit ein Fundament für eine wachsende Verantwortung und ein wachsendes Interesse der Kinder angelegt werden. Nur so können die Kinder auf lange Sicht aktiv am gesellschaftlichen Leben teilnehmen.
(vgl. schwedischer Bildungsplan Lpfö 98, Die grundlegenden Werte, S.7)

Jedes Kind wird in einen Zusammenhang hineingeboren, z.B. in die eigene Familie. Das Kind wird sich sein Leben lang in verschiedenen sozialen Zusammenhängen zurechtfinden müssen und sich entwickeln. Das soziale Netzwerk wächst ständig, von der Familie zur Großfamilie, zu den Nachbarn, zum Kindergarten, zur Turngruppe, zur Schwimmschule usw.

Zu welchen Gruppen gehört man, und wie erweitert sich durch sie die eigene Welt? Was beinhaltet es für jeden Einzelnen? Um das Bewusstsein über die eigene Entwicklung erweitern zu können, ist es wichtig, zu verstehen, in welchem sozialen Zusammenhang man sich befindet. Wie beeinflussen die Beziehungen zu den anderen die eigene soziale Entwicklung durch die geltenden Normen, Werte? Welchen unterschiedlichen Menschen begegnet man, welche Normen und Werte gelten in diesem Zusammenhang? Was darf man zu Hause machen, aber nicht im Kindergarten und umgekehrt?

Für die Rubrik Familie und Freunde haben wir folgende Vorschläge:
Meine Familie, ein Bild von der Kindergarten-Gruppe, ein Bild von den Erwachsenen aus dem Kindergarten, Zeichnungen und andere Kunstwerke über Familie und Freunde sowie Zeichnungen mit Reflexionen darüber, was einen guten Freund ausmacht.

▶ Beispiele

Eine Seite zur Familie

Die Eltern gestalten einige DIN-A4-Seiten mit Fotos und Namen von den Familienangehörigen, vielleicht ist dabei auch ein Foto von einem netten Nachbarn, Omas Kanarienvogel, Papa, wenn er Gitarre spielt usw. Unsere Erfahrung hat gezeigt, dass diese Seiten für die meisten Kinder sehr wichtig sind.

Die Familie

So zeichnet der vierjährige Elias seine Familie:

Mein Familienporträt:
1. großer Bruder Love,
2. ich,
3. Papa, „Guck mal welche Muskeln er hat!“,
4. Mama,
5. ich mit Mütze,
6. mein Haus,
7. der Hund Tess.

Die fünfjährige Moa beschreibt ihre Familie:

Beispiel

„Erst traf mein Papa Amandas Mama. Dann haben sie geheiratet und bekamen meine große Schwester Amanda. Dann hat mein Papa meine Mama getroffen, dann haben sie geheiratet und mich bekommen. Dann hat mein Papa Anna getroffen, und sie haben geheiratet und meine kleine Schwester Emelie bekommen.“

Was ich morgens mache

Was passiert am Morgen, bevor das Kind in den Kindergarten kommt? Die Kinder malen es und erzählen es einander. Die Zeichnungen werden zunächst an die Wand gehängt und später ins Portfolio gelegt.

Was Tilda am Morgen macht: 1. Tilda schläft. 2. Tilda frühstückt. 3. Tilda putzt sich die Zähne. 4. Tilda zieht sich an.

Freundschaftsschilder

Wie soll ein guter Freund sein? Alle Kinder gestalten ein Schild mit dem, was sie wichtig finden. Die Fünfjährigen dürfen zusammensitzen und malen, jedoch malt jeder sein eigenes Schild.

Alma berichtet, wie man ein guter Freund sein kann: Wenn man ein guter Freund ist, spielt man zusammen und hat Spaß dabei. Man teilt auch! „Komm Nina, wir füttern mein Pferd Diva!“

Alma beschreibt einen schlechten Freund: Wenn man ein schlechter Freund ist, ärgert man sich und streitet miteinander. Anton hat Noras Hut weggenommen. Sie ist traurig und weint.

Pontus berichtet, wie man ein netter Freund ist: Wenn man ein netter Freund ist, spielt man und ist nett. „Hallo, wollen wir spielen?“ „Ja, das machen wir.“

Pontus erzählt, wie man ein schlechter Freund ist: Wenn man ein schlechter Freund ist, ärgert man und haut. Kalle: „Du darfst nicht mitmachen … du hast so große Füße. Haha!“ Emil: „Mama! Kalle ist doof. Er ärgert mich und haut!“

Lina beschreibt einen netten Freund: Wenn man ein netter Freund ist, spielt man zusammen und hat Spaß.

Lina beschreibt einen doofen Freund: Wenn man ein doofer Freund ist, ärgert man andere. Anna hat Julia den Lutscher weggenommen und ins Wasser geworfen.

Corinne zeigt, wie man ein netter bzw. doofer Freund ist. Sie hatte eigentlich mit etwas anderem gespielt, fand aber das Thema so spannend, dass sie auch noch etwas dazu zeichnete.

Freundschaft

Die Gedanken des fünfjährigen Frederik über die Freundschaft:

Beispiel

Mit welchen Freunden spielst du? –
Manchmal spiele ich mit … manchmal spiele ich mit …
Ich spiele eigentlich jeden Tag mit verschiedenen Freunden.

Woran liegt das? –
Das ist wie … ich glaube, dass … Gestern habe ich mit ihm gespielt, weil ich glaube, dass er das Gleiche spielen will. Deshalb … manchmal will man das Gleiche spielen. Manchmal will man das Gleiche spielen, aber nicht mit demselben Freund. Aber manchmal will ich das Gleiche spielen mit demselben Freund.

Fortsetzung

Was gefällt dir am besten im Kindergarten?
Dass mein bester Freund hier auch hingeht. Es ist Frederik W. Er geht nicht in die große Gruppe, er geht immer noch in die kleine Gruppe. Da war ich vorher auch drin. Er ist ein Jahr jünger als ich. Eigentlich ist er so viele Jahre alt wie ich, aber trotzdem ein bisschen jünger.

Wie alt ist er?
Fünf Jahre, aber ein bisschen jünger. Er hat im März Geburtstag gehabt, da ist er fünf Jahre alt geworden, deshalb … ich werde bald sechs Jahre alt. Er hat ja gerade Geburtstag gehabt. Er ist so ein bisschen jünger als ich.

Was gefällt dir noch in dem Kindergarten?
Hier gibt es so nette Erzieherinnen hier und so viele tolle Spielsachen, die Spaß machen.

Wie man miteinander umgeht

In einer Gruppe trainierten wir mit den Kindern, wie man in Konflikten miteinander umgeht. Gerade in dieser Gruppe waren es fünf Mädchen, die immer wieder miteinander stritten. Nach dem Abschluss der intensiven Arbeit zum Umgang mit Konflikten konnten wir erfreulicherweise feststellen, dass die Gruppe nun besser mit Streitigkeiten umgehen konnte. Wir beschlossen, die Kinder daraufhin zu interviewen, was sie selbst darüber dachten.

Interview mit der vierjährigen Linda:

Beispiel

Ist es normal, dass ihr miteinander streitet?
Ja, wir streiten uns. Ich sag dann was.

Was können wir Erwachsenen dann machen?
Uns was sagen.

Fortsetzung

Was spielt ihr meistens?
Doktor. Mama, Papa und Hund.

Erinnerst du dich? Als ihr noch jünger wart und in die kleine Gruppe gegangen seid, habt ihr da oft gestritten?
Jetzt streiten wir uns nicht mehr so oft.

Findest du, dass ihr euch nun leichter vertragen könnt?
Wir machen uns gegenseitig froh, dann spielen wir wieder.

Wie findest du, soll ein guter Freund sein?
Froh!

In einer Gruppe Fünfjähriger sprachen wir miteinander darüber, wann man ein guter Freund ist.

Beispiel

Elias: „Man lässt alle mitspielen."
Josefin: „Alle dürfen mitspielen. Man soll nicht hauen und treten."
Simon: „Man darf Sachen voneinander ausleihen."
Nicklas: „Man holt Hilfe, wenn jemandem etwas passiert ist."
Nora: „Man kann sich abwechseln, falls es nicht genug Spielsachen gibt."
Moa: „Ein guter Freund will, dass wir uns auch nach dem Kindergarten treffen.

Was wir machen

Ein besonderer Grund, warum man gerne mit vielen verschiedenen Menschen etwas unternimmt, ist, weil einem gerade diese Menschen etwas bedeuten und man daher gerne etwas mit ihnen macht.

Letztes Jahr bin ich noch wie ein Stein gesunken, als ich geschwommen bin. Aber nun, gehe ich zur Schwimmschule und sinke wie ein Fisch, sagt Papa.

(Anna, 5 Jahre)

Die Arbeit im Kindergarten soll von einer Pädagogik geprägt sein, wo Fürsorge, Erziehung und Lernen eine Einheit bilden. Die pädagogische Arbeit soll so konzipiert sein, dass die Entwicklung und das Lernen des Kindes angeregt und herausgefordert wird.
Sie soll offen, inhaltsreich und einladend sein. Die pädagogische Arbeit im Kindergarten soll das Spiel, die Kreativität und das lustvolle Lernen fördern. Das Interesse der Kinder für neue Erfahrungen, Wissen und Fertigkeiten soll erkannt und bestärkt werden.

(vgl. schwedischer Bildungsplan, Lpfö 98, Entwicklung und lernen, S.12)

Das Kind spielt und lernt in verschiedenen sozialen Zusammenhängen, mit verschiedenen Menschen auf verschiedenen Plätzen zu verschiedenen Zeitpunkten. Wer ist das Kind in der Gruppe? Was lernt es in diesen verschiedenen Gruppen, und wie entwickelt es sich als Individuum in dem Kindergarten?
Im Kindergarten zu sein, beinhaltet, dass man Dinge tun muss, die man nicht immer selbstgewählt und bestimmt hat. Es kann den Rahmen betreffen, der die Funktion der Gruppe steuert; das Kind will vielleicht lieber Feuerwehrmann spielen und nicht am Stuhlkreis teilnehmen. Der Kreis wurde aus pädagogischen Gründen festgelegt, und das Kind muss daran teilnehmen, weil es zum Leben in dem Kindergarten gehört.
So bekommt man auch die Möglichkeit, Dinge auszuprobieren, die man nicht immer selbst gewählt hat.

Wir schlagen vor, unter der Rubrik *Was wir machen* Fotos und Zeichnungen mit Aktivitäten einzuordnen, die von den Erwachsenen initiiert worden sind, z.B. Tischdecken, Kreise, Waldausflüge und Themenarbeiten. Manchmal kann das Material von *Was wir machen* unter der Rubrik *Ich kann* einsortiert werden. Als wir einer Gruppe der Jüngsten den „Jack in the box" zeigten, merkten wir, dass einige der Kinder die Schachtel später selbst hervorholten, um sie zu öffnen. Das, was wir eingeführt hatten, wurde von den Kindern übernommen.

▶ Beispiele

Tages- und Wochenaktivitäten für alle Kinder

In der Kleinkindgruppe haben wir für die Beschreibung der verschiedenen Aktivitäten Formulare erstellt. Für alle Kinder gelten die feststehenden Tages- und Wochenaktivitäten: Mahlzeiten, Ruhepausen, Stuhlkreise, Bewegungsspiele, Wasserspiele und die Spiele im Wald. In dem Formular „Mahlzeit" steht über dem Foto genau beschrieben, was und zu welchen Uhrzeiten die Mahlzeiten eingenommen werden.

Unter dem Formulartext ist Platz für ein Foto vom Kind während des Essens und der Kommentar, was das Kind in diesem Zusammenhang gelernt hat.

MÅLTID

Vi äter frukost Kl.9 och lunch Kl. 13. Vi har en egen kokerska på Lundagård som lagar mat till oss. Till frukost får vi gröt eller fil, smörgås, pålägg, grönsak och juice. Till lunch serveras oftast vanlig husmanskost. Vi äter en frukt efter lunchen och frukt eller lättare mellanmål Kl.15.30.

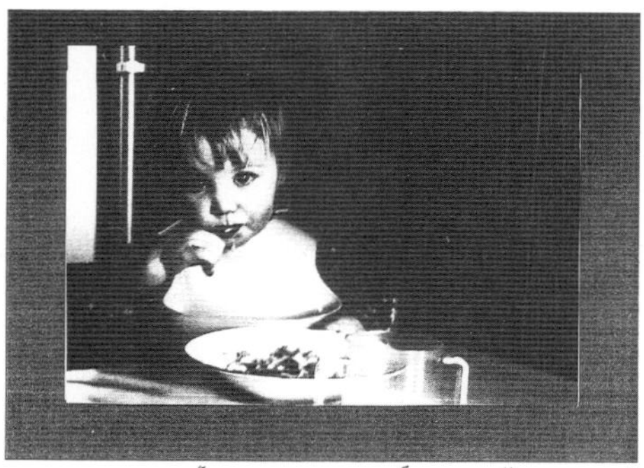

MARS 2003 ÄTER ALL MAT. ÄTER GÄRNA TVÅ PORTIONER HAVREGRYNSGRÖT. ÄTER MED SKED. DRICKER MED PIPMUGG UTAN PIP
September 2003 Äter med gaffel och sked. Dricker ur glas. Säger till vad hon vill ha. "Jag vill ha lunk" (mjölk). Dukar av sin tallrik, bestick och glas. Sitter
Vgv.

Avd. Gul 2002/2003

Eine Seite wie diese erfreut das Kind. Für die Eltern und uns Pädagoginnen ist sie sehr hilfreich. Die Idee ist von Linda Werelius: Oben wird von der Pädagogin beschrieben, wann im Kindergarten gegessen wird und was es so gibt. Unten ist für jedes Kind individuell dokumentiert, was das Kind gerne isst und wie es sich beim Essen verhält. Diese Einträge wiederholen sich – so werden Veränderungen deutlich gemacht.

Während des ersten Halbjahres wurde Albin in verschiedenen Situationen fotografiert. Die Fotos wurden auf das entsprechende Formular geklebt und mit einem Kommentar versehen:

Beispiel

Albin

Mahlzeiten:	mag fast alles, benutzt den Löffel, kann selbst aus einer Tasse mit Aufsatz trinken
Ruhepausen:	schläft schnell ein, schläft eine Stunde bis eineinhalb Stunden draußen in seinem eigenen Kinderwagen, benutzt keinen Schnuller oder ein Kuscheltuch.
Hygiene:	holt die Windel und klettert selbst auf den Wickeltisch, wischt sich selbst den Mund ab.
Im Eingangsbereich, Garderobe:	holt seinen Teddy vom Regal und steigt auf den Hocker, um beim Abschied zu winken, kann seine Schuhe holen und zurückstellen, kann sich die Mütze aufsetzen.
Stuhlkreis:	singt, macht Bewegungen nach, nimmt an den organisierten Spielen teil und beteiligt sich an Bewegungsliedern und Fingerspielen.

Wir planen das Essen für eine Woche

Die Gruppe der Fünfjährigen plant und bestimmt das Essen für eine Woche für den ganzen Kindergarten und hilft bei der Zubereitung.

Beispiel

„Wir haben Wurstragout Stroganoff gemacht. Wir haben Zwiebeln und Wurst gebraten und mit Mehl, Bouillon und Tomatenpüree gemischt. Dann haben wir Milch und Crème fraîche dazugetan. Das hat dann gekocht, bis es fertig war. Für den Salat haben wir Weißkohl klein geschnitten und mit Maiskörnern und Dressing gemischt. Das Dressing hat die Köchin Marita gemacht. Frederik hat das Rezept geschrieben, und Paulina hat aufgezeichnet, wie wir beim Kochen aussahen. Dann haben wir den Tisch gedeckt und alles fertig gemacht, bis unsere Freunde zum Essen kamen.

Anschließend haben wir gemeinsam über das Kochen gesprochen und es reflektiert:
Frederik: „Das hat Spaß gemacht und war interessant."
Hugo: „Das hat großen Spaß gemacht."
Paulina: „Es hat Spaß gemacht, den Weißkohl zu schütteln."
Amanda: „Es hat Spaß gemacht, mitzumachen und das Essen zu bestimmen."

Frederiks Rezept

Der Essensplan für eine Woche, zusammengestellt von den Kindern der großen Gruppe.

Hier wird Weißkohl gemacht.

Stuhlkreis

In einer Gruppe beschlossen wir, dass die Kinder den Kreis mitgestalten. Mit Unterstützung der Eltern sollten sich die Kinder zu Hause überlegen, was sie im Stuhlkreis gern machen würden. Der vierjährige Hugo wollte „Der Hund und das Bein" spielen, das „Räuberlied" singen und seinen Dinosaurier Rex zeigen.

Lieder

Wir schrieben alle Lieder auf, die die Kinder nach dem Sommer gesungen haben: Klatschen klopfen, Streichle den kleinen Bauch, Ich spiele Baum, Bim bum bam, Eine kalte Nacht, Elefantenlaute, Große Wellen, kleine Wellen, Twinkle, twinkle little star, Die Sonne scheint, Der Fisch schwimmt, Ich baue ein Auto, Der Sommer ist meiner, Der Marienkäfer und Schlag auf die große Pauke.

Reime

In einer anderen Gruppe interessierten sich die Kinder sehr für das Reimen. In den Stuhlkreisen lernten sie eine Menge verschiedener Reime. Manchmal bekamen die Kinder Besuch von der Hexe Reim-Jux, einer Pädagogin, die mit den Kindern spielte und ihnen Wörter und Kinderreime beibrachte.

Die lustige Hexe Reim-Jux

Im Frühling 2002 interessierte sich die Kindergruppe für das Reimen. Im Stuhlkreis lernten sie eine Menge verschiedener Reime. Manchmal bekamen sie Besuch von der Hexe Reim-Jux, einer Pädagogin, die mit den Kindern spielte und ihnen Wörter und Kinderreime beibrachte. Bei den Mahlzeiten und zu anderen Gelegenheiten haben viele von uns mit Wörtern gespielt, haben versucht, zu reimen, und aus bekannten Wörtern neue gemacht.

Du, Gustav, mochtest am liebsten den Spruch …

Das ist der Daumen,
der schüttelt die Pflaumen,
der liest sie auf,
der trägt sie nach Haus,
und der kleine Schelm
isst sie alle auf.

Steigt ein Büblein auf den Baum,
hoch, so hoch, man sieht es kaum.
Hüpft von Ast zu Ästchen,
guckt ins Vogelnestchen.
Hei, da lacht es,
hei, da kracht es,
plumps, da liegt es unten!

Himpelchen und Pimpelchen
stiegen auf einen Berg.
Himpelchen war ein Heinzelmann,
Pimpelchen ein Zwerg.
Sie blieben lange dort oben sitzen
und wackelten mit ihren
Zipfelmützen.
Doch nach vielen, vielen Wochen
sind sie in den Berg gekrochen.
Dort schlafen sie in guter Ruh'
Seid mal still, und hört gut zu:
Ch, ch, ch

Mein Häuschen ist nicht ganz gerade
– das ist schade.
Mein Häuschen ist ein bisschen
krumm –
Das ist aber dumm!
Bläst der Wind hinein, (huu!)
fällt das ganze Häuschen ein.

So könnte eine Portfolioseite mit deutschen Reimen aussehen.
Den eingerahmten Reim mag Gustav am liebsten.

Sport

Tilda hat gezeichnet, was wir beim Sport machen.

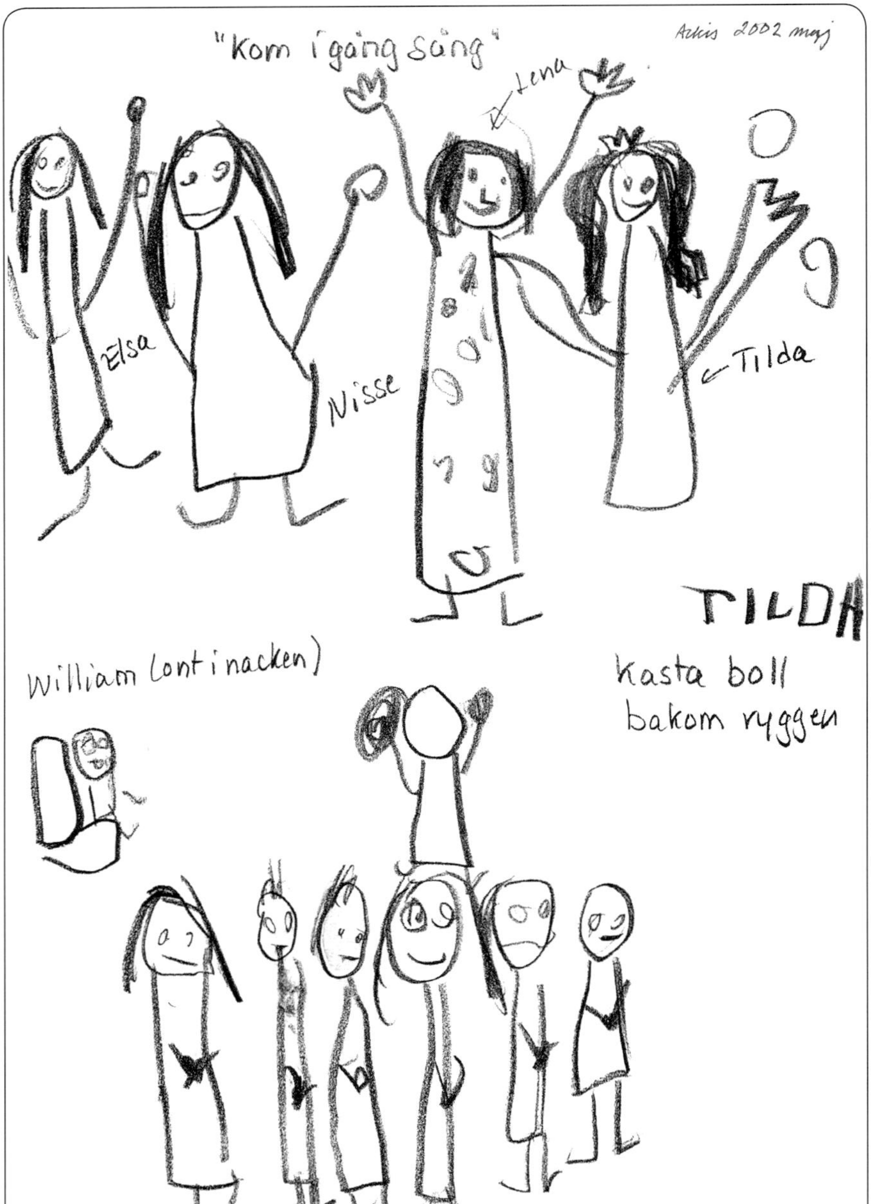

Wir singen das „Komm in Gang"-Lied. William sitzt auf der Bank, er hat Nackenschmerzen. Tilda wirft den Ball hinter ihren Rücken.

Ich finde

Damit das eigene Dasein einen Sinn macht, muss man sich bei dem, was man kann und macht, bewusst werden, was man denkt und fühlt.

Was denkst du über die Mahlzeit, Linda?
Ja, sie fühlt sich auf jeden Fall besser an als die Uhrzeit.

Der Kindergarten soll danach streben, dass jedes Kind …

… sein Vermögen entwickelt, seine Gedanken und Ansichten auszudrücken, und damit die Möglichkeit erhält, seine Situation zu beeinflussen.

(vgl. schwedischer Bildungsplan, Lpfö 98, der Einfluss der Kinder, S. 14)

Zu dem Selbstbild, was man kann, in welchem sozialen Zusammenhang man sich befindet und was man macht, gehört auch, was man über all das fühlt und denkt. Das, was man fühlt, gleicht einem, Kompass. Er hilft einem die Richtung zu finden und die Verantwortung für das eigene Leben zu übernehmen. Was macht einen froh, traurig, wütend, neugierig, müde usw.? Wie beeinflusst einen die Gruppe und wie kann man sie beeinflussen? Wo, wann und wie kann man die eigenen Gedanken und Gefühle in der Gruppe ausdrücken? Wie entwickelt sich das eigene Verantwortungsgefühl? Die Interviews, die wir mit den Kindern machen, sind der Ausgangspunkt für eventuelle Veränderungen. Die Einflussnahme der Kinder wirkt sich auf die Arbeit in der Gruppe aus.
Für die Rubrik *Ich finde* schlagen wir Folgendes vor: verschiedene Interviews, Frage- und Auswertungsformulare (mit frohen und traurigen Smileys), Alltagsreflexionen, Gespräche während der Stuhlkreise, Spielregeln, Abwechslungsregeln (z. B. Wer darf wann mit dem blauen Rad mit Hänger fahren?).

▶ Beispiele

Fragen

Wir haben die Eltern gefragt, was ihre Kinder mögen. Die Eltern der einjährigen Anna, die gerade in den Kindergarten gekommen war, schrieben Folgendes:

Beispiel

Ich mag:

Musik:	die Werbungsmusik für Ipren (Medizin)
Lied:	„Ims Vimse Spinne" und „Die kleine Krähe des Pfarrers" (ähnelt unserem „Hoppe hoppe Reiter")
Tanz:	am liebsten wild fuchtelnd mit den Armen
Außerdem:	Baden und duschen, Bälle und Bauklötze, Sandkiste!

Die Vorliebenliste

In der Vorliebenliste sind verschiedene, von uns gestellte Fragen.
So hat ein Elternteil geantwortet:

Beispiel

Welches Obst mag Ihr Kind am liebsten?
Alle Obstsorten, aber am liebsten Mandarinen.

Hat Ihr Kind Lieblingslieder?
Das Lied vom „Bootmann".

Hat Ihr Kind Lieblingsspielsachen?
Kleine Gummifiguren, Tiere und Malsachen.

Hat Ihr Kind einige Lieblingsmärchen?
Nein, kein bestimmtes.

Wie möchte Ihr Kind getröstet werden?
In den Arm nehmen und reden.

Interview

Interview mit der zweijährigen Julia im Herbst:

Beispiel

Wie heißt du?

Alulia

Wie alt bist du?

Julia zeigt zwei Finger, den Zeige- und Mittelfinger.

Wie heißt deine Mama?

Mama Lena (Helena)

Wie heißt dein Papa?

Hokan

Was machst du gern im Kindergarten?

Wir haben in den Spiegel geguckt. (Als Julia das Selbstporträt zusammen mit einer Pädagogin zeichnete, guckten sie dabei in den Spiegel und sprachen darüber, was sie sahen. Meint Julia vielleicht das? Das Selbstporträt wurde im Zusammenhang mit dem Interview gemacht.)

Was magst du gern?

Mc Donald's, Hühnchen essen, keinen Senf.

Die Eltern machten ein Interview ein halbes Jahr später noch einmal, wieder mit vorformulierten Fragen:

Beispiel

Was macht dir im Kindergarten Spaß?

Dreirad fahren.

Was macht dir zu Hause Spaß?

Laufen, mein Auto fahren, Bausteine (Duplo), Dreirad fahren.

Fortsetzung

Mit wem spielst du?
Oscar, Jonathan, Anton, Axel, Max, Hanna, Linnea, Emma und der großen Julia.

Was hat Ihr Kind im vergangenen Kindergartenjahr gelernt?
Findet sich in der Gruppe zurecht, spielt gerne draußen, buddelt gerne im Sand, hat Bauspiele entdeckt.

Der vierjährige Axel wird von seinen Eltern interviewt. Auch hier sind die Fragen von uns vorformuliert. Das Interview ist eine der Unterlagen für das Entwicklungsgespräch im Frühling. Die letzte Frage richtet sich wieder an die Eltern:

Beispiel

Was hat dir in deiner Gruppe am meisten Spaß gemacht?
Mit Autos und dem Zug spielen, Doktor spielen, mit Dinosaurier spielen, mit Bausteinen spielen, Kassetten anhören.

Was hast du gelernt?
Buchstaben, rechnen, ein guter Freund sein, Computer spielen.

Mit wem spielst du am liebsten?
Linus und Elias. Kalle ist superdoof, er haut die Freunde.

Wenn du selbst wählen dürftest, was würdest du machen?
In der Sandkiste spielen, Rad fahren, Fußball spielen, drinnen mit Autos spielen, malen, zum Bahnhof gehen und Züge angucken.

Was hat Ihr Kind im vergangenen Kindergartenjahr gelernt?
Rechnen, seinen Namen und Buchstaben schreiben, die Farben, kann sich durchsetzen und Nein sagen.

Interview mit der vierjährigen Miranda:

Beispiel

Mit wem spielst du gern?
Sara, Lisa und Kalle.

Warum bist du im Kindergarten?
Zum Spielen.

Was macht am meisten Spaß im Kindergarten?
In der Puppenecke spielen.

Was macht dir keinen Spaß am Kindergarten?
Wenn keiner mit mir spielen will.

Was kannst du gut?
Schlittschuhe laufen.

Hast du vor etwas Angst?
Nein.

Gibt es etwas, was du im Kindergarten nicht magst?
Erbsen essen.

Brauchst du bei irgendetwas Hilfe?
Manchmal bei den Schuhen.

Gibt es etwas, was du lernen willst?
Auf Pferden reiten.

Was können wir Erwachsene machen, damit es dir im Kindergarten noch mehr Spaß macht?
Ich will neben Sara beim Essen sitzen.

Was will das Kind lernen

Es ist interessant, die Kinder zu fragen, was sie lernen wollen. Hier die Aussagen von zwei Vierjährigen:

Beispiel

Max: „Motorrad fahren und auf den Baum klettern."
Malin: „Auf dem Kopf stehen und Frösche fangen."

Gedanken in der Gruppe

Eine Gruppe Fünfjähriger wurde beim Kreis gefragt, wie sie getröstet werden möchten. Hier sind einige Antworten:

Beispiel

Maxi: „Ich will umarmt werden und dass man mit mir spricht."
Anna: „Ich will umarmt werden und wenn ich mich gestoßen habe, soll die Tante draufpusten."
Oke: „Ich will in Ruhe gelassen werden."

Frederik hat die Kartons am Eingang fotografiert.

Die Kinder fotografieren

Wir haben die Kinder das fotografieren lassen, was sie selbst wichtig finden. Der fünfjährige Frederik fotografierte die Kartons im Eingangsbereich, in die man seine Sachen legt. Manchmal schaffen wir es auch, längere Interviews darüber zu schreiben, was die Kinder wichtig finden.

Beispiel

Du wolltest dein Fach fotografieren?
Ja, das ist mein Fach. Wenn ich das Foto mit nach Hause nehme, erinnere ich mich an mein Fach und daran wer sein Fach neben mir hat.

Warum ist es gut, sich zu erinnern, wie es ist?
Ja, weil ... jaa ... sich an den Kindergarten und anderes zu erinnern.

Möchtest du das Foto in deinem Portfolio haben?
Ja, das möchte ich.

Wie findest du es, einen Fotoapparat zu haben und zu fotografieren?
Es macht Spaß, einen Fotoapparat zu haben. Da kann man Fotos machen und andere Sachen. Da kann man den Fotoapparat mitnehmen, wenn man wegfährt oder in ein anderes Land. Und dann kann man sich daran erinnern, wie es dort ist.

Würdest du es gut finden, wenn du öfter einen Fotoapparat im Kindergarten bekommen würdest?
Ja, aber leider sind wir nicht mehr lange im Kindergarten. Nun sind wir mit der Mullewaldschule fertig, das war der letzte Tag Mullewaldschule in dieser Woche, und dann höre ich auf.

Wird das traurig sein?
Ja, neulich wurde ich morgens richtig traurig, weil ich bald hier aufhöre.

Gehst du dann zusammen mit deinen Freunden in die Schule?
Nein, die anderen gehen in eine andere Schule. Das geht auch einer Freundin von mir so. Sie geht in einen anderen Kindergarten. Sie geht auch allein zur Schule.

Beispiel

Als du hier im Kindergarten „Pferdekoppel" angefangen hast, hast du da schon vorher jemanden gekannt?
Nein, aber … aber ich wusste, wie meine Gruppe aussehen würde. Einmal vor langer Zeit bin ich mit meinem Papa mit dem Fahrrad hergefahren. Da zeigte er mir, wohin ich gehen würde, jaa …

Hast du auch schon die neue Schule angeguckt?
Ja, ich bin wohl da schon gewesen, … meine Mama und mein Papa nicht … Das erste Mal sollte ich mit Oma Karin hin, aber sie war krank, und Papa war krank und Mama bei der Arbeit. Aber Oma sollte mich hinbringen. Da war das aber so, dass Karin krank war, aber sie ist trotzdem mitgekommen. Sie hat dann ein Foto gemacht, was nun in meinem Portfolio ist.

Was macht dir Spaß im Kindergarten „Pferdekoppel"?
Mit dem Rad fahren. Manchmal dürfen wir das nicht machen. Da dürfen es gerade die Kleinen machen. Tobias geht auch hierher. Er ist mein kleiner Bruder.

In welche Gruppe geht Tobias?
Er geht in den „Stall". Er ist drei Jahre alt. Ja, das ist ein bisschen anders dann … ein bisschen mehr …

Du meinst, wenn du in die Schule gehst?
Da sind nicht so viele Sachen draußen, die immer da sind. Das, was immer draußen ist, ist eine Schaukel, da kann man immer schaukeln.
Ich fange in derselben Schule an wie Emil. Er ist mein großer Bruder.
Er liebt Sport.

Magst du Sport?
Ja, ich finde, das macht Spaß. Eine Sache, die ich sehr gut finde, ist, dass Tobias hier auch ist. Er geht weiter hierher. Da kann ich ihn jeden Tag mit abgeben. Wir machen das immer so, erst geben wir Emil in der Schule ab, und dann geben wir mich und Tobias ab, nein, mich und Emil. Erst sind es zwei, die im Kindergarten abgegeben werden. Dann sind es zwei, die in der Schule abgegeben werden …

Auswertung

Es gibt viele Arten, auszuwerten. Das „Smiley-Formular" kann für Interviews und Auswertungen benutzt werden.

Kinderinterview

Name: Erik S. Gruppe: blau Alter: 4 Jahre

Interviewer: Mama Eva Datum: Oktober 2006

Was denkst du über?			**Kommentar**
zur Gruppe Blau kommen	☹	☺ ✗	schön, Freunde zu treffen
Freunde	☹	☺ ✗	sie sind nett
Spielecken	☹	☺ ✗	bauen macht Spaß
Stuhlkreis	☹ ✗	☺	muss man stillsitzen
schlafen	☺	☹ ✗	die Tante liest spannende Sachen
in den Wald gehen	☹	☺ ✗	macht Spaß im Wald, fangean, auf Bäume zu klettern
Wann fühlst du dich so?	☺		wenn ich mit Max, Leon und Lina spiele
Wann fühlst du dich so?	☹		wenn ich keinen zum Spielen habe

Was spielst du meistens drinnen? mit Max und Leon bauen, malen

Was spielst du meistens draußen? Rad fahren, schaukeln, Sandkiste

Was willst du lernen? auf hohe Bäume klettern, schreiben

Welche Frage möchten Sie Ihrem Kind stellen?

Frage: Was findest du, macht am meisten Spaß im Kindergarten?

Antwort: Spielen

Portfolioseite fürs Kinderinterview mit frohen und traurigen Smileys, Vorlage auf S. 115.

Schnellauswertung – male das, was du gerade am spannendsten im Kindergarten findest.

Ein Kind hat gezeichnet, was ihm im Kindergarten Spaß macht: Die Schreibecke, die Kissenecke, der Computer und das Theater.

Hier wurde von verschiedenen Kindern ein Kindertag ausgewertet, an dem zwei Kinder auswählen durften, was die Gruppe machen sollte.
Die Auswertung von dem vierjährigen Tim:

Beispiel

„Ich finde es gut, dass wir manchmal bestimmen dürfen. Es ist schwer, etwas auszuwählen, aber es macht Spaß, in den Park zu gehen, den man selbst ausgesucht hat. Im Park habe ich Eis aufgehackt, das ich dann weggemacht habe. Es hat großen Spaß gemacht, zu Musik zu tanzen. Ich habe mit Gabriel getanzt."

Auswertung von der vierjährigen Vilda:

Beispiel

„Das war gut heute, bestimmen zu dürfen. Ich habe geschaukelt. Ich bin hingefallen, als ich abgesprungen bin, das war nicht lustig. Tanzen zur Musik hat Spaß gemacht. Ich mag tanzen. Es ist schade, dass nicht alle tanzen wollten. Alle sollen mitmachen!"

Und so wurde die Sportstunde ausgewertet:

Beispiel

Was haben wir heute in der Sportstunde gemacht? Erwärmung.
Verschiedene Stationen: klettern, hüpfen, Rolle vorwärts, hüpfen auf dem Trampolin und durch den Tunnel kriechen. Tunnel-Fangen-Spiel (wenn man gefangen wird, soll man breitbeinig stehen, und man wird frei, wenn jemand durch die Beine durchkriecht).

Die Kinder werten in der Gruppe aus:
Am meisten Spaß hat gemacht:
Alles, es macht Spaß, das „Tunnel-Fangen-Spiel" zu spielen. Auf dem Trampolin zu hüpfen und Rolle vorwärts zu machen. Am langweiligsten:
Klettern und durch den Tunnel kriechen.

Kurze Fragen können gestellt werden, um die Gedanken über das Lernen anzuregen:

Beispiel

Abdu, fünf Jahre

Was hast du gelernt?
Auf den Baum klettern.

Wie hast du das gemacht?
Ich habe jemanden gesehen, der auf den Baum geklettert ist, und dann habe ich es auch so gemacht. Ich habe trainiert und bin oft runtergefallen.

Wozu ist das gut?
Da kann man Äpfel pflücken.

Was würdest du gern noch lernen?
Knoten machen.

Was das Kind gelernt hat

Die Eltern wurden im Frühling gefragt, was die Kinder nach ihrer Einschätzung im vergangenen Kindergartenjahr gelernt haben. So hat ein Elternteil geantwortet:

Beispiel

„Jonas interessiert sich nun für Ziffern und Buchstaben, fragt auch, wie verschiedene Wörter und Namen geschrieben werden, und schreibt sie dann. Er diktiert auch gern eigene Geschichten, die von anderen aufgeschrieben werden."

5 Das Aussehen des Portfolios

Wir finden, dass gewöhnliche Din-A4-Kunststoffordner am besten geeignet sind. Wählt man Ordner, die eine Tasche auf der Vorderseite haben, kann das Kind verschiedene Fotos während seiner Kindergartenzeit hineintun. Wenn die Kinder sehr klein sind, suchen die Eltern ein Bild aus.

Der Vorteil der Ordner ist, dass sie nicht so viel Platz wegnehmen; sie können auf einer begrenzten Fläche stehen. Die Kunststoffordner sind haltbar, das ist wichtig, weil sie viel von den Kindern und Eltern während der Kindergartenzeit benutzt werden. Es ist auch gut, wenn in die Rückentasche des Ordners ein Bild des Kindes und sein Name gesteckt wird, sodass das Kind sein Portfolio im Regal finden kann.

Wenn den Kindergärten kein Geld für die Ordner zur Verfügung steht, kann man die Eltern bitten, den Kauf zu ermöglichen. Es macht nichts, wenn die Ordner verschieden aussehen. Klarsichthüllen schützen die Seiten vor Verschmutzung und Beschädigung durch häufiges Durchblättern.

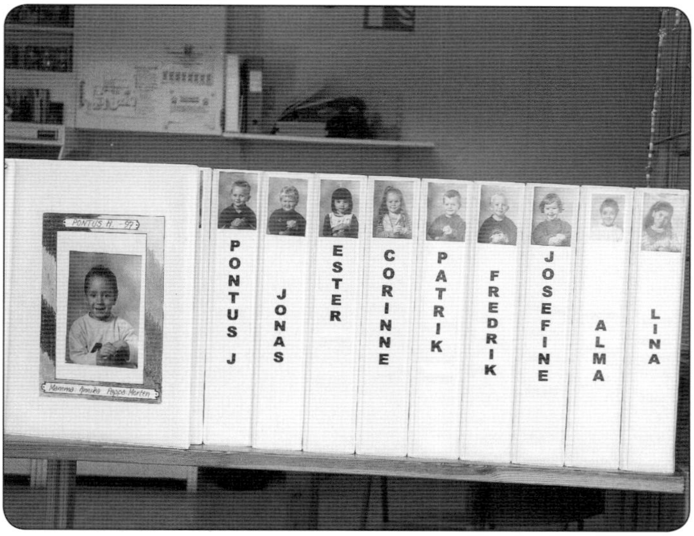

Portfolios. Ein Foto auf der Vorderseite und eins auf dem Rücken des Ordners erleichtert es dem Kind, sein Portfolio im Regal zu finden.

Als Nächstes stellte sich die Frage, was wir mit den selbst erstellten, dreidimensionalen Objekten der Kinder (Basteleien usw.) machen sollten. Auch sie dokumentieren die Lernentwicklung der Kinder und sind etwas, das die Kinder meist sehr stolz den anderen Kindern, ihren Eltern und Besuchern präsentieren. Sie sollten daher unbedingt Bestandteil der Portfolios sein.
In einem Kindergarten diskutierten wir, ob wir für jedes Kind einen Karton für die Aufbewahrung der fertigen Ton-, Näh- und Holzarbeiten und anderen Basteleien anschaffen sollten. Nachdem wir es ausprobiert hatten, stellten wir fest, dass sie für die Kinder zu umständlich in der Handhabung waren. Die Kartons waren zu groß, und das gesammelte Material ging leicht kaputt. Die Kinder wollten ihre Werke auch lieber mit nach Hause nehmen. Es zeigte sich auch, dass es für das Kind überschaubarer ist, wenn wir die Bauwerke fotografieren und unter der entsprechenden Rubrik einordnen. So machten wir es auch mit den Hütten, die die Kinder im Außenbereich gebaut hatten. Diese Vorgehensweise erleichtert die Arbeit mit dem Portfolio.

6 Aufbewahrung des Portfolios

Da das Portfolio dem Kind gehört, soll es leicht zugänglich sein, sodass das Kind das Portfolio zu jeder Zeit holen kann, wenn es will. Für die meisten Kinder wird das Portfolio ein begehrtes Buch. Sie finden es spannend, interessant, und es macht ihnen Spaß, es anzugucken und es den Freunden zu zeigen.
Gerade beim alltäglichen Anschauen findet häufig die Reflexion des eigenen Lernens und der eigenen Entwicklung statt. Ellin entdeckt anhand der Fotos plötzlich, wie sie als Zweijährige einzelne Klötze nebeneinandergestellt hat und nun als Fünfjährige bereits einen prächtigen Schlossbau mit den Bauklötzchen errichtet. Ellin zeigt aufs erste Foto und sagt: „Guck mal, hier habe ich schon eine Mauer gebaut! Wie alt war ich da?" Situationen wie diese eröffnen die Möglichkeit für ein spannendes Gespräch darüber, was in dieser Zeitspanne passiert ist.

Die Kinder erzählen den Freunden, den Eltern und uns von sich selbst mit Hilfe des Portfolios. Manchmal sitzen mehrere Freunde zusammen, „lesen" laut vor und kommentieren, lachen und bestaunen gegenseitig die Arbeiten. Es ist wichtig, dass das Portfolio ein Bestandteil des Alltags ist.
Auch die jüngsten Kinder interessieren sich sehr für ihre Dokumentation des Alltags (im Kindergarten und auch zu Hause) und sollen natürlich auch die Möglichkeit haben, das Portfolio anzusehen. Bewahren Sie die Portfolios so auf, dass sie sichtbar und leicht zugänglich für die Kinder sind. Damit das Portfolio nicht Bestandteil eines Wasserspiels wird oder als Schneeschieber benutzt wird, sollen die Portfolios so aufbewahrt werden, dass die kleinen Kinder sie sehen können und zeigen können, wenn sie sie haben wollen.

Die Kinder der gelben Gruppe gucken fast jeden Tag in ihre Portfolios. Felicia ist aufgewacht und schaut sich ihr Portfolio an.

Wer darf sich die Portfolios ansehen?

Wir finden, dass das Kind bestimmen soll, wer das Portfolio anschauen darf. Als Besucher fragt man das Kind, ob man es darf. Das erzeugt Respekt für das Kind als Person und für die Aktivitäten im Kindergarten. So wird das Kind von den Pädagoginnen und Freunden als Individuum wahrgenommen. Das Kind nimmt wiederum die verschiedenen Menschen, die den Kindergarten besuchen, bewusst wahr und bekommt eine positive Rückmeldung für sein Portfolio. Selbstverständlich müssen alle Pädagoginnen in die Portfolios schauen dürfen, ohne jedes einzelne Kind fragen zu müssen. Wir erklären den Kindern, dass wir alle im Kindergarten die Portfolios zusammen erarbeiten und dass wir so alle voneinander lernen.

7 Praktisches Arbeiten mit dem Portfolio

Am Anfang der Portfolioarbeit kann es leicht passieren, dass man unrealistische Erwartungen an das Endergebnis stellt. Das kann zu Enttäuschungen führen oder gar dazu, mit der Portfolioarbeit gar nicht erst anzufangen. „Dazu haben wir doch gar keine Zeit!" oder „Das ist doch viel zu teuer!" sind die meistgehörten Argumente. Machen Sie es sich leicht! Fangen Sie einfach an und dokumentieren Sie das, was gerade aktuell für Sie und Ihre Kindergruppe ist. Machen Sie nicht zu ausufernde Pläne. Das Portfolio soll in den Alltag im Kindergarten eingebunden sein und zu einem natürlichen Teil der Dokumentation des Lernens werden. Am Anfang hatten wir auch Bedenken, dass das Material zu wenig sein könnte. Aber die Praxis hat gezeigt, dass es eher zu viel Material wird, da die Kinder sehr viel Material selbst erstellen. Es ist daher auch unsere Aufgabe, durch eine genaue Reflexion und begründete Auswahl die Menge des Materials zu begrenzen. Es ist vielleicht notwendig, früher gesammeltes Material durchzusehen und das auszusortieren, was für die Dokumentation der Lernentwicklung unbedeutend ist. Zu viel Material erschwert auch den Kindern den Überblick und die Wahrnehmung ihrer Lernfortschritte.
Fotos, die nicht direkt ins Portfolio eingebunden werden sollen, können hinten im Portfolio in einer Klarsichthülle aufbewahrt werden. Viele unserer Kinder haben daraus am Ende der Kindergartenzeit eine Collage erstellt.

Gestaltung der Seiten

Gestalten Sie die Seiten möglichst so, dass sie übersichtlich die Lernentwicklung der Kinder zeigen. Ein Beispiel: Ola schaute eine Zeit lang jeden Morgen im Kindergarten dasselbe Buch an. Das war für ihn nicht irgendein Buch, sondern das Buch mit Traktoren und Lastwagen verschiedener Art. Wir fotografierten Ola mit dem Buch, klebten das Foto oben auf eine Seite und schrieben auf, wann dieses Interesse begann. Wir notierten auch den Titel, Verlag und den Verfasser des Buches. Wann immer Ola ein neues Lieblingsbuch hat, notieren wir das nacheinander unter die erste Notiz.

Auf diese Weise bekommen wir einen zusammenhängenden Bericht über Olas Leseinteresse, angefangen von den ersten Bilderbüchern bis zu Erstlesebüchern usw. Im Portfolio können wir auch sehen, wie sich sein Interesse für Traktoren und Lastautos weiterentwickelt oder in ein anderes übergeht. Es macht Spaß, als Erwachsener nachschauen zu können, welche Bücher man damals mochte, Bücher, die man vielleicht vergessen hat. Man versteht auch, dass das Interesse für Literatur nicht auf einmal im erwachsenen Alter entstanden ist, sondern viel früher im Leben.

Eine Seite reicht vielleicht für ein Halbjahr, ein Jahr oder die ganze Kindergartenzeit, abhängig davon, wie sich das Interesse entwickelt. Auf dieselbe Weise notiert man kontinuierlich, wie ein Kind z. B. Fahrradfahren lernt. Auch hier wird ein Foto oben aufs Blatt geklebt. Es ist gut, wenn man den Aufbau der Seiten auf dieselbe Art organisiert. Das erleichtert dem Kind, sich innerhalb des Portfolios zurechtzufinden.

In einem Kindergarten stellen wir ein Foto von einem Bauwerk aus Bauklötzen, das einige Kinder gebaut hatten, besonders heraus.

Wir schrieben auf, wo wer gebaut hat, und kopierten das Foto, sodass alle Kinder, die am Bauwerk beteiligt waren, ein Bild in ihr Portfolio bekamen. Wir fragten die Kinder erst einzeln, ob sie etwas über das Bauen erzählen wollen. Das nächste Mal wurden die Kommentare zusammen in der Gruppe vorgelesen, und es kamen neue Gedanken hinzu, die ins Portfolio geschrieben werden konnten, mit dem Datum und dem Zusammenhang.

Auch das, was die Eltern im Alltag oder beim Entwicklungsgespräch berichten, kann eine gute Information sein, die ins Portfolio kommt. Die Familie kann z. B. eine Reise gemacht haben, wo das Kind sein Interesse für etwas weiterentwickelt hat, was im Portfolio beschrieben wird. Wir schreiben auf, wer uns berichtete und wann das geschah. So ergibt sich ein möglichst umfassendes Gesamtbild von der Entwicklung des Kindes. Seien Sie aufmerksam, wenn Sie etwas sehen oder hören!

Die Kinder sind dabei, wenn das Material in die Portfolios eingeordnet wird

Beispiel

Frederik hat seine Freundin Lina und sich selbst gezeichnet. Er will die Zeichnung für Lina kopieren und das Original für sein Portfolio behalten. Wir machen die Kopie, und als wir zurückkommen, fragen wir Frederik, was er und Lina auf dem Bild an den Füßen haben.
Frederik erklärt, dass es Pantoffeln mit Schnürsenkeln sind. Alma kommt hinzu und fragt: „Seid ihr verliebt?" Frederik guckt Alma an und antwortet langsam „Nee … wir sind nicht verliebt." Alma lacht und sagt: „Er ist doch verliebt." „Nein, ich bin in dich verliebt, Alma", antwortet Fredrik.

Die Schwierigkeit besteht vor allem darin, dass interessante Wortwechsel wie diese oft in spontanen Situationen geschehen und man nicht immer Zeit hat, dann direkt zum Stift zu greifen. Hat man aber die Zeit, ist es interessant, sie im Portfolio zu dokumentieren. Das Bild, das Frederik gezeichnet hat, kann auch in Linas Portfolio unter der Rubrik Familie und Freunde eingeordnet werden.

Frederik und Lina sind gute Freunde.

Chronologische Ordnung

Innerhalb der Rubriken ordnen wir alles in chronologischer Reihenfolge ein. So ist es für die Kinder leichter, ihre Entwicklung zu verfolgen, und für uns, das Material einzuordnen. Die Schriftentwicklung wurde von uns oft erst dokumentiert, wenn das Kind seinen Namen schreiben konnte. Aber es fehlt dadurch der Anfang, wenn die kleinen Kinder die Schriftsprache entdecken und sie durch Krickelkrakel nachahmen. Gut ist, wenn man auch das dokumentiert, damit das Kind seine vollständige Schriftentwicklung später nachvollziehen kann.

Vier Stadien der Schriftentwicklung, von Schrift nachahmenden Krickelkrakel zu Buchstaben.

Es passiert leicht, dass das Portfolio anfangs eher einem Fotoalbum gleicht – Seiten, gefüllt mit Fotos und Text. Es ist schwer für das Kind, sein Lernen zu erkennen, wenn verschiedene Aktivitäten gemischt werden. Zum Beispiel fährt das Kind auf einem Foto Fahrrad, auf einem anderen baut es einen Turm.

Die Gedanken aller Kinder

Wir dokumentieren auch Gespräche, die die Gruppen zu verschiedenen Zeitpunkten geführt haben. Es kann im Stuhlkreis sein oder auch in einer kleineren Gruppenkonstellation bei einem Ausflug. Diese Reflexionen werden kopiert und in die Portfolios eingeheftet. Hier folgt ein Gespräch zwischen Hugo, Leo, Emma und Mira über die Liebe und die Frage: „Bist du in jemanden verliebt?"

Beispiel

Hugo: „Ich bin in einen Hund verliebt, der Sally heißt. Das Herz klopft sehr schnell, dann weiß ich nicht mehr."

Leo: „Meine Mama und Papa. Weiß nicht. (nach einer längeren Zeit). Ich weiß, in wen ich verliebt bin, in meine Pferde. Das ist kribbelnd."

Emma: „Felix, das fühlt sich kribbelnd im Bauch an."

Mira: „Nisse (Noras Katze). Ich will mit ihm schmusen. Ich warte sehnsüchtig darauf."

Erst hängen wir das Material an die Wand

Die Materialien für die Portfolios – Zeichnungen und Fotos von Spielen und Arbeiten – dokumentieren nicht nur die Lernentwicklung des Kindes, sondern auch den Kindergartenalltag. Sie zeigen, was für das einzelne Kind aktuell ist, und haben zusätzlich auch eine Bedeutung für die anderen in der Gruppe. Ein Teil des Materials, welches ins Portfolio kommt, wird deshalb zunächst an die Wand gehängt. Auf diese Weise erkennt man die Interessen, die die Kinder gerade in dieser Gruppe haben. Es kann das Interesse eines Kindes für Motocross oder Pferde sein, das die anderen anregt. Es kann auch eine Gruppenarbeit oder eine Themenarbeit sein, die allen zeigt, was es für verschiedene Möglichkeiten und Lösungen für das Problem gibt.

Die Kinder schauen sich eine Ausstellung mit Selbstporträts und Interviews an.

Das Material sammeln

Der Herbst ist oft die intensivste Zeit im Kindergarten – Eingewöhnung der Neuen, Schaffen eines guten Gruppenklimas, Entwicklungsgespräche, Arbeitspläne, Elternabende, und schon ist wieder Weihnachten. Wann findet man Zeit für das Portfolio? Wenn wir uns auf die verschiedenen Arbeitsaufgaben konzentrieren, können wir nicht gleichzeitig über das Portfoliomaterial reflektieren, aber jeder behält das Portfolio im Hinterkopf. Es ist besonders zu Beginn der Portfolioarbeit wichtig, eine „Zwischenstation" zu haben, wo die Arbeiten der Kinder aufbewahrt werden, bevor sie durchgesehen werden, um dann eventuell ins Portfolio zu kommen. Jedes Kind hat daher bei uns einen eigenen Materialsammler. Er kann aus zwei zusammengehefteten Pappen bestehen oder aus einer einmal gefalteten Wellpappe.

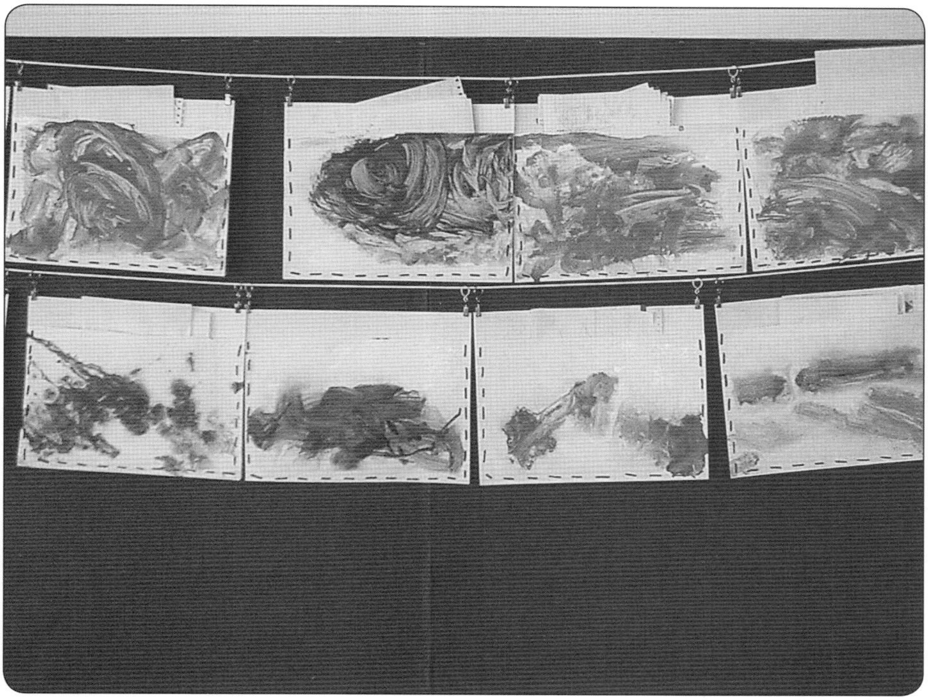

Materialsammler

Die Materialsammler hängen bei uns so an der Wand, dass die Kinder und wir das Material ohne große Umstände hineinlegen können. Eine Plastikmappe in der Größe A4 kann auch gut sein, in die man z.B. die Reflexionen und Tagebuchaufzeichnungen legt. Unabhängig vom „System" bewahren wir all das Material auf, von dem wir glauben, es eigne sich gut fürs Portfolio. Geordnet, sortiert und ins Portfolio geheftet wird es dann, wenn wir Zeit dazu haben. Jede unserer Kolleginnen hat bestimmte Bezugskinder. Zu ihren Aufgaben gehören das Portfolio der jeweiligen Kinder und das Entwicklungsgespräch. In einigen Gruppen hat jede Pädagogin eine A4-Ablage, in die sie Zettel mit Kommentaren oder anderes Material ablegen.
Andere verwenden wiederum eine A4-Ablage für jedes Kind. Das erleichtert die Arbeit. Das Material wird direkt sortiert, indem es in chronologischer Reihenfolge aufeinanderliegt. Ein genereller Vorteil ist, dass wir so leicht alle Materialien der Kinder und Dokumentationen über die Kinder in die Ablage legen können.

Einige Kindergärten haben A4-Ablagen als Materialsammler.

Meist im Dezember, wenn wir finden, dass es an der Zeit ist, fangen wir an, die Materialsammler durchzugehen. Was ist im Herbst passiert? Die Kinder finden es unheimlich spannend, bei dieser Arbeit dabei sein zu dürfen. Wir können mit nur einem Kind das Material des Kindes ordnen, oder es kommen noch einige Freunde des Kindes hinzu, und wir gehen alle gemeinsam das Material durch. Was soll ins Portfolio? Was soll nicht dabei sein? Durch das gemeinsame Ordnen erfahren wir nicht nur von dem einen Kind die interessanten Kommentare und Reflexionen, sondern auch von den Freunden des Kindes.

8 Pädagogische Beobachtungen

Die pädagogischen Beobachtungen gehen vom Kind aus. Um ein Portfolio anzulegen, brauchen wir das, was wir über das Kind wissen, und das, was das Kind selbst berichtet mit Worten, Zeichnungen usw. Für die Portfolioarbeit benötigen wir Beobachtungen, die die Kompetenzen des Kindes verdeutlichen und nicht seine Schwächen. Zudem brauchen wir selbst die Fähigkeit, gut in und mit einem Team arbeiten zu können. Welche Methoden für die Beobachtungen wendet man also an?
Man kann mit sehr verschiedenen Methoden arbeiten. Es ist dabei jedoch wichtig, dass die Beobachtungen die Funktion erfüllen, die wir mit ihr beabsichtigen, nämlich den Lernprozess des einzelnen Kindes besser wahrzunehmen und zu verstehen. Alle Pädagoginnen des Arbeitsteams müssen sich darüber im Klaren sein, zu welchen Fragen sie eine Antwort haben wollen. Es ist daher wichtig, die Beobachtungen gut vorzubereiten.

Info

Eine pädagogische Beobachtung gibt Antwort auf diese Fragen:

- Welche Beschäftigungen wählt das Kind selbst aus?
- Was kann das Kind?
- Was will das Kind lernen?
- Welche Strategien wendet das Kind an?
- Was denkt und fühlt das Kind?

Das Portfolio soll umfassend und detailliert dokumentieren, was das Kind macht, lernt und denkt. Wie wir schon an anderer Stelle betont haben, vollziehen sich unserer Meinung nach die wichtigsten Lernprozesse im Kindergartenalltag, also nicht in der Werkstatt, im Wald oder bei der Themenarbeit. Es geschieht, wenn Oskar lernt, die Stiefel anzuziehen, oder Stina lernt, ihren Overall anzuhängen. Es ist ein ständiges Lernen fürs Leben, das die ganze Zeit intensiv im Kindergarten passiert. Wie geschieht das beim einzelnen Kind? Was geschieht von dem Zeitpunkt an, wo Oskar gelernt hat, die Stiefel anzuziehen, bis zu dem Zeitpunkt, wo er die Kleidung entsprechend dem Wetter wählen kann? Wie hat er das gelernt? Von wem? Was bedeutet das für Oskar? Hat das einen Bezug zu seinem Interesse für Perlen? Oder gibt es keinen? Was denkt er selbst?

Was machen die Kinder drinnen und draußen, wenn sie selbst wählen, was sie machen? Was macht der Einjährige, wenn er den Hügel im Garten hoch- und runterläuft, immer wieder und wieder? Was machen die Kinder eigentlich bei der Rutsche?

Beim Spielen setzen die Kinder sich selbst Ziele für ihr Lernen. Was haben Kalle und Emma für Ziele? Wie verhält sich das Kind zu seinen Freunden, Pädagoginnen und Eltern? Hat das Kind mit anderen Kindern gespielt, bevor es in den Kindergarten kam? Wie lernt das Kind, mit anderen Kindern zu spielen?

Welche Antworten erhalten wir, und wie können wir die Informationen auswerten? Welche pädagogischen Methoden haben wir? Welche Herausforderungen bieten wir an?

Für die Beobachtungen brauchen wir uns nicht von unserer Arbeit entfernen.

Wir können aus dem Vollen schöpfen, egal, wo wir sind, im Eingangsbereich bei der Garderobe, beim selbstgewählten Spiel des Kindes, in der Hütte usw. Wir müssen Methoden und Hilfsmittel erfinden, die wir im Alltag benutzen können.

Für die Beobachtungen müssen wir einfache und deutliche Formulare erstellen, wo wir kurz, ohne Bewertung notieren, was wir sehen und hören, sodass wir später, z. B. bei einer Sitzung, darüber reflektieren können. Die Beobachtungen sind dazu da, ein Ereignis, einen Gedanken, eine Reflexion festzuhalten, bis man zur Reflexion Zeit hat. Im nächsten Abschnitt folgen einige Beispiele über einfache Formulare, die bei uns verwendet werden. Probieren Sie dies aus! Das Beobachtungsmaterial soll genau wie alles andere im Kindergarten im Prozess entwickelt werden. Funktion und Nutzen sind wegweisend. Was sich nicht bewährt, wird weiterentwickelt oder durch Neues ersetzt.

Pädagogische Beobachtungen und Auswertungen im Alltag

Unsere Beobachtungen gehen, wie gesagt, von unserer täglichen Arbeit im pädagogischen Innen- und Außenbereich des Kindergartens aus. Man beschreibt die verschiedenen Räume und Ecken, die in der Gruppe vorhanden sind, alles, was dem Kind angeboten wird. Was macht das Kind, wenn es selbst wählen darf? Gibt es Plätze, wo das Kind nie spielt? Spielt das Kind mit verschiedenen Kindern an verschiedenen Plätzen oder die ganze Zeit mit denselben Kindern? Welche Strategien verwendet das Kind bei der Eroberung von neuen Gebieten? Komplettieren Sie bei Bedarf die Beobachtungen mit Interviews und Fragen, z. B.: In welcher Ecke spielst du meistens? Was macht dir in der Gruppe am meisten Spaß? Baust du gern? Warum? Warum nicht? Seien Sie neugierig darauf, was das Kind in der Gruppe denkt, fühlt und macht.

Name: Markus B. Gruppe: grün Datum: Oktober '06

Ecke	freies Spielen	mit Pädagoginnen	allein in der Gruppe	Kommentare und Reflexionen
Puppenecke			spielt mit Ole	Mama, Papa, Hund
Bauecke			baut mit Lasse und Linda	Schloss für Dinosaurier
Schneiden, kleben, zeichnen				manchmal
Staffelei				wenn wir Erwachsene nachmachen
Lese-Ecke				guckt sich gern Bücher an
Computer-Ecke				kennt den PC schon von zu Hause

Spielbeobachtung, Formular auf S. 116.

Eine Spielbeobachtung kann mit der eigenen Auswertung des Kindes vervollständigt werden. Eine Möglichkeit der Auswertungsform ist folgende:
Teilen Sie eine A4-Seite in vier Teile, indem Sie sie falten oder die Vierteilung mit dem Stift markieren. Das Kind zeichnet dann vier Plätze des Kindergartens, die es im Moment am besten findet. Es können mehrere Kinder mit ihrer Auswertung an einem Tisch arbeiten. Am Anfang wissen die Kinder vielleicht nicht, was sie zeichnen sollen. Es ist aber auch ein Lernprozess, sich zu überlegen, was man zeichnet, und eine eigene Meinung zu entwickeln.

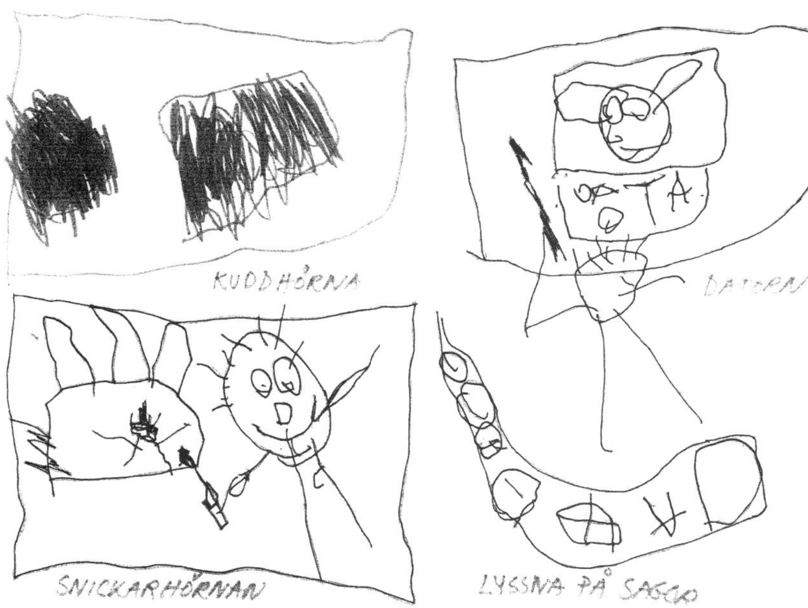

Schnellauswertung: Jonas zeichnet die Kissenecke, den Computer, die Holzwerkstatt und „Märchen anhören".

Name: MarKus B. Gruppe: grün Datum: OKtober 06

Drinnen spielen
Wo? spielen mit Bausteinen
bauen mit Holz
Puppenecke
Leseecke

Kommentar:
findet, dass das Meiste in der Gruppe Spaß macht, ist Konzentriert

Draußen spielen
Wo?
Fahrrad fahren
Rutsche
Hütte im Wald
schaukeln

mag es, draußen zu sein. Spielt mit allen Kindern der Gruppe.

Dinge des Alltags
Welche?
Kann sich Overall anziehen, Mütze, Handschuhe, allein zur Toilette, Kann Tisch decken

zieht sich schnell an, um schnell nach draußen zu Kommen

Täglich wiederkehrende Tätigkeiten = an- und ausziehen, Hände waschen, Tisch decken, auf die Toilette gehen, aufräumen usw.

Was ich im Kindergarten mache, Formular auf S. 117.

Wie ich etwas lerne/Strategien

Name: Markus B   Gruppe: grün   Datum: Oktober

Was sind die Hauptstrategien des Kindes? Sind sie in verschiedenen Fachgebieten verschieden?	**Kommentare:**
Lernt von anderen Kindern (fragt andere Kinder, guckt, was andere gemacht haben, ahmt nach)	hat angefangen zu zeichnen, wenn Martin zeichnet
Lernt von Erwachsenen (fragt Erwachsene, guckt den Erwachsenen zu, bittet Erwachsene, vorzugehen, ahmt nach, was die Erwachsenen machen)	
Lernt durch praktische Erfahrung, probiert selbst aus (lernt, indem es selbst etwas ausprobiert mit zugänglichem Material, will selbst machen)	
Lernt durch theoretische Erfahrung (gucken, warten, probieren, guckt, wenn andere Kinder etwas machen, wählt die Aktivität, nachdem es nachgedacht hat)	
Lernt durch ein selbstständiges Spiel	Legt gern selbstständig Puzzles
Lernt durch das Spielen in kleinen Gruppen	
Lernt durch das Spielen in großen Gruppen	
Andere Strategien	

Wie ich etwas lerne, Formular auf S. 118.

Dokumentation für das Portfolio

Mit Hilfe des Formulars *Dokumentation für das Portfolio* können wir überprüfen, was für jedes Kind dokumentiert werden soll. In der Gruppensitzung im Oktober besprechen wir, was jedes Kind in den letzten beiden Monaten gemacht und gelernt hat und was es gerade jetzt macht.

Kalle: Fahrrad fahren und viel mit Olle und Viktor spielen. Schreibt Buchstaben, kann sich den Overall selbst anziehen.

Dokumentation für das Portfolio
(Was sollen wir fürs Portfolio dokumentieren und sammeln?)

großes X = fotografiert
kleines x = in die Sammelmappe gelegt

Name	Was?	Was?	Was?	Was?	Was?
Lisa		Puzzle X	Buchstaben x		
Olle					
Sebastian		Fensterbild gebastelt x			
Jonas					
Markus	Computer X				
Elina					
Matilda					

Dokumentation für das Portfolio, Formular auf S. 119.

Zeichnung oder Foto

Wir gehen die ganze Kindergruppe auf dieselbe Weise durch, mit Hilfe des Formulars *Dokumentation fürs Portfolio*. Dann legen wir fest, wie wir dokumentieren wollen. Haben wir Zeichnungen, die unsere Beobachtungen untermauern? Wollen wir ein Foto machen, oder können wir es auf eine andere Art dokumentieren? Diese Überlegungen machen wir, wenn wir Zeit für die Portfolioarbeit haben.

Foto von Schlittschuhläufern

Zeichnung von Schlittschuhläufern

Einen Monat vor dem Entwicklungsgespräch gehen wir die Portfolios für unsere Bezugskinder durch. Da können wir feststellen, ob ausreichendes Material, z.B. über die Schriftentwicklung des Kindes, vorhanden ist oder ob wir noch mehr Material sammeln müssen. Es soll das Lernen sichtbar gemacht werden, das seit dem vorigen Entwicklungsgespräch stattgefunden hat.

9 Hilfsmittel für verschiedene Lernbeobachtungen und die Dokumentation

Notizblock oder Zettel in der Tasche

Wir beobachten jeden Tag sehr viele Ereignisse, die im Kindergarten stattfinden. Manchmal halten wir inne, wenn sich etwas Spezielles ereignet. Oft reflektieren wir es direkt, indem wir mit unserer Kollegin, die neben uns steht, sprechen. Wir sprechen über das Ereignis, aber sofort ereignet sich das Nächste, und nur einige Dinge bleiben uns im Gedächtnis. Gerade diese Ereignisse können wir kurz notieren, mit Hilfe eines kleinen und praktischen Blocks, den wir immer in der Tasche haben. Das Material kann man dann in gleichen Abständen sortieren, das Datum schreiben, den Namen des Kindes, wer es notiert hat und vielleicht noch weitere Kommentare. Legen Sie die Aufzeichnungen in die Sammelmappe des jeweiligen Kindes.

Tagebuch

Ein Tagebuch kann aus kleinen, kurzen Notizen bestehen, die wir während der Eingewöhnung des Kindes gemacht haben. Die Interessen und die verwendeten Strategien des Kindes und seine Art, neuen Erwachsenen zu begegnen, werden so verdeutlicht. Das hier ist ein Beispiel vom dritten Eingewöhnungstag:

Beispiel

Leo, ein Jahr

Beobachtet viel die anderen Kinder. Untersucht Spielsachen. Spielt mit der Garage, Autos, Tieren und Büchern. Kann sich lange mit einer Sache beschäftigen. Spielt mit Pädagoginnen. Ein bisschen müde, muss einige Zeit bei der Mama sitzen.

Beispiel

Tindra, ein Jahr

Ist sehr aufgeschlossen und interessiert sich dafür, was die Pädagoginnen machen, und folgt ihnen. Will alles gern anfassen und mitmachen, beim Tischdecken, Bauen, Rutscherutschen und Spielzeug-hinter-sich-her-ziehen. Will gern dem Papa zeigen, was es alles im Kindergarten gibt. Klettert gern. Will singen, findet sich zum Kreis ein, wenn es an der Zeit ist.

Tagebuchaufzeichnungen der Kindergruppe

(Kann auseinandergeschnitten und ins Portfolio einsortiert werden)

Gruppe: gelb Jahr: 2003

Name	01.09.	02.09.	03.09.	04.09.	05.09.
Simon	sitzt auf Papas Schoß	spielt mit Autos, winkt, wenn Papa geht	spielt mit Autos und der Garage	Spielt mit Teo	guckt Traktorbuch an, schluchzt, als Papa geht
Mia	Spielt im Spiel-zimmer mit Anna	geht zur Rutsche	will schnell in die Gruppe	rutscht mit einem Ball	Spielt draußen mit anderen Kindern

Tagebuchaufzeichnungen

Zeichnungen und Bilder

Die Zeichnungen werden unter dem Gesichtspunkt ausgewählt, ob verstanden werden kann, was das Kind berichten will. Sie sollen verdeutlichen, wie der Entwicklungsprozess und das Lernen des Kindes aussehen. Das Kind erzählt, und wir notieren es. Bei den Bildern kann es sich um frei gezeichnete Zeichnungen handeln, vorgegebene Aufgaben, Themenarbeiten oder Interviews, bei denen man die Kinder bittet, zu zeichnen, was sie denken und fühlen. Die Pädagoginnen können die Reflexionen der Kinder auf Klebezetteln notieren. Es kann aber auch direkt auf eine Kopie der Zeichnung geschrieben werden, und diese wird dann zusammen mit dem Original einsortiert. Wir haben nicht immer die Zeit, eine Kopie zu machen, alles aufzuschreiben oder den Computer zu benutzen und einen Ausdruck zu machen, somit schreiben wir meist direkt auf die Originalzeichnung. Das ist besser, als wenn nichts geschrieben wird, finden wir. Oft passiert es, dass die Berge von Material wachsen, die sauber abgeschrieben werden sollen. Das erzeugt ein schlechtes Gewissen, das dazu führt, dass wir uns unter Druck fühlen. Größere Malereien oder Malereien der ganzen Gruppe fotografieren wir, und dann kommt das Foto ins Portfolio.

Fotoapparat

Die Fotos, die die Kinder in verschiedenen Lernsituationen zeigen, sind eine gute Gedächtnisstütze für die späteren Reflexionen des Kindes. Überlegen Sie gut, was Sie fotografieren, es kommt leicht eine Überproduktion zustande. Es müssen nicht zwangsläufig zum aktuellen Zeitpunkt Fotos gemacht werden, man kann das Ereignis auch später nachstellen. Emilie kam z. B. endlich auf das große Rad, mit dem sie ein halbes Jahr gekämpft hatte, und gerade an diesem Tag war die Batterie der Kamera leer. Da fragten wir Emilie drei Tage später, ob sie sich auf das Rad setzen könnte, damit ein Foto gemacht werden kann. Das machte sie natürlich, und es wurde ein gutes Foto mit Emilie auf dem Rad. Das Bild wurde dann stolz von Emilie ins Portfolio einsortiert, versehen mit einem Datum.

Die Fotografien können auch Arbeiten des Kindes dokumentieren, die im Portfolio keinen Platz finden, z.B. das Bauwerk aus Bauklötzen, das spezielle Tonmännchen, als zum ersten Mal das Wasserspiel gespielt wurde, das Tuch, das genäht wurde, als sich verkleidet wurde oder als sich mit dem Ball abgewechselt wurde. Es ist wichtig, dass jede Fotografie eine Geschichte über das Kind berichtet, dem das Portfolio gehört.

genähter Dinosaurier

Mit dem Fotoapparat zu arbeiten, gibt den Kindern auch positives Feedback. Durch das Fotografieren zeigen wir, dass uns das, was das Kind macht, wichtig ist. Kinder, die daran gewöhnt sind fotografiert zu werden, kommen oft und bitten uns, Fotos zu machen. Es erleichtert die Arbeit, wenn jede Gruppe einen Fotoapparat hat.

Sebastian, der Pädagoge mit dem Fotoapparat und Alma beim gebauten Schloss

Videokamera

Einer unserer Kindergärten hatte geplant, dass in jedem Portfolio der Kinder ein eigenes Video sein sollte. Die Auswertung zeigte, dass es keinem in der Gruppe geglückt war. Sicherlich bekamen alle einen Film zustande, aber man hatte es nicht geschafft, jedes Kind in dem Ausmaß zu filmen, wie gedacht war. Mit dem Film zu arbeiten ist zeitaufwändig und erfordert eine gewisse Ausbildung und die Möglichkeit, das Material bearbeiten zu können. Wir kamen zu der Einsicht, dass man eine Videoeinspielung zu gewissen Sachen benutzen kann, z.B. wenn man den Kindergartenalltag bei einem Elternabend zeigen will. Dies muss jedoch genau geplant werden. Die Benutzung der Videokamera empfehlen wir im Zusammenhang mit der Einführung der Portfolioarbeit nicht. Sie kann zu einem späteren Zeitpunkt zur Anwendung kommen, wenn das Verständnis für den Sinn des Portfolios bei allen verankert ist und die Videokamera als ein weiteres Werkzeug für die Dokumentationsarbeit eingeführt wird.

Kassettenrekorder

Auch die Einbindung des Kassettenrekorders kann zeitaufwändig sein. Einige Kindergärten sind daran gewöhnt, während andere damit nie arbeiten. Der Einsatz des Kassettenrekorders erfordert Zeit durch die Vorbereitung und die Nacharbeit. In den Kindergärten, in denen wir damit arbeiten, hat jedes Kind in seinem Portfolio eine eigene Kassette. Die Pädagoginnen nehmen in regelmäßigen Abständen das Kind beim Erzählen auf, um die Sprachentwicklung zu dokumentieren.
Man kann sich die Kassette zusammen mit dem Kind anhören und einen Kommentar schreiben. Vergessen Sie nicht, das Datum dazuzuschreiben oder direkt mit auf die Kassette aufzunehmen. Man kann auch Kreise aufnehmen, Lieder, die oft gesungen werden, oder auch Gespräche beim Essen.

Allgemeines

Wie Sie bemerkt haben, warnen wir davor, Hilfsmittel zu verwenden, die nicht für alle Pädagoginnen selbstverständlich sind. Sie können sehr gut sein, wenn alle sie beherrschen, sie können aber auch die Entwicklungsarbeit ins Stocken bringen, wenn sie zu kompliziert sind.
Wir finden, dass die Hilfsmittel zu Beginn und als Basis während der ganzen Portfolioarbeit am besten sind, mit denen bereits gearbeitet wird. Die, mit denen Sie vertraut sind und die nicht allzu viel Vor- und Nacharbeit erfordern. Es soll Ihnen keinen zusätzlichen Stress machen, sondern Spaß! Wenn Sie ein Stück weit gekommen sind und die Portfolioarbeit zur Routine wird, kann es angebracht sein, die Herausforderung anzunehmen, ein neues Hilfsmittel einzuführen.

10 Die Mitarbeit der Eltern bei der Portfolioarbeit

Das Arbeitsteam soll

mit den Eltern der Kinder fortlaufende Gespräche über das Wohlbefinden, die Entwicklung und das Lernen, sowohl innerhalb wie außerhalb des Kindergartens, führen sowie Entwicklungsgespräche durchführen.

(vgl. schwedischer Bildungsplan, Lpfö 98, Kindergarten und Elternhaus, Richtlinien S.15)

Elterninformation

Lassen Sie die Eltern an der Portfolioarbeit teilnehmen! Für die Entwicklung und die Lernfortschritte der Kinder ist es wichtig, dass Eltern und Pädagogen eng zusammenarbeiten. Das gilt auch für die Portfolioarbeit. Je mehr die Eltern daran teilhaben, desto umfangreicher sind auch die Materialien im Portfolio. Nicht nur die Lernentwicklung im Kindergarten soll dokumentiert werden, sondern die gesamte Entwicklung des Kindes. Informieren Sie die Eltern, wozu das Portfolio da ist, welchen Inhalt (Rubriken) Sie gewählt haben und wie Sie sich die Mitarbeit der Eltern vorstellen.
In diesem Zusammenhang ist es vorteilhaft, die Eltern schriftlich zu informieren.
Hier kommt ein Vorschlag eines Informationsbriefes an die Eltern:

Beispiel

Liebe Eltern!

Wir arbeiten mit dem Portfolio, um das Lernen zu unterstützen. Jedes Individuum hat seine eigene Weise, seine Strategie, sich neues Wissen anzueignen. Wir wachsen und entwickeln uns, indem wir etwas Neues lernen und es mit dem bereits vorhandenen Wissen verknüpfen. Auf diese Art erzeugen wir einen Zusammenhang, Begreifbarkeit und Sinn. Jedes Kind, das in den Kindergarten kommt, hat eigene Ziele. Es will wachsen und lernen. Um das Lernen und die Lernwege des einzelnen Kindes deutlich zu machen, haben wir im Kindergarten für jedes Kind ein Portfolio. Darin dokumentieren wir, was und wie Ihr Kind lernt. Das Portfolio gehört dem Kind, und es begleitet das Kind während der ganzen Kindergartenzeit. Das Portfolio befindet sich leicht zugänglich im Gruppenraum Ihres Kindes, und Sie dürfen es anschauen, wenn Sie Ihr Kind nett darum bitten.

Das Portfolio hat fünf Rubriken:

Ich:	Wie sehe ich aus? Wie groß bin ich gerade? Wie viele Zähne habe ich? Was fühle ich? Ich werde froh …; Ich werde traurig …
Ich kann:	hüpfen, Fahrrad fahren, bauen, schreiben
Familie und Freunde:	Meine Familie, meine Gruppe im Kindergarten, die Waldgruppe, die Freunde
Was wir machen:	Kreise, Ruhepausen, Tisch decken, Ausflüge, Luciafest
Ich finde:	Ich will lernen …; ich mag …; ich mag nicht …

Unter diesen Rubriken sammeln wir gemeinsam mit Ihren Kindern Material vom Alltag im Kindergarten. Als Eltern können Sie auch mit wichtigen Informationen beitragen – das Portfolio ist ein spannendes Buch für die Kinder. Wir verwenden das Portfolio auch bei den Entwicklungsgesprächen, die wir mit Ihnen führen, um das Lernen der Kinder sichtbar zu machen.

Herzliche Grüße von uns aus dem Kindergarten

Die Eltern nehmen an der Portfolioarbeit teil

Manche Eltern verstehen zunächst nicht, warum sie sich am Sammeln des Materials beteiligen sollen. Tatsache ist, dass die Kinder zu Hause und im Kindergarten lernen – und dass das Lernen in einem Zusammenhang steht. Deshalb ist es uns wichtig, Kommentare von zu Hause und dem Kindergarten zu haben. Wenn das Kind z.B. Schlittschuh laufen lernt, könnte das so dokumentiert werden: „Zu Hause geht das Kind jeden Sonntag zur Eishalle, und in dem Kindergarten läuft es jeden Tag auf der selbstgemachten Eisbahn."

▶ Familienseite

In der Eingewöhnungszeit werden die Eltern gebeten, Familienseiten mit wichtigen Personen, Haustieren, Plätzen usw. zu gestalten. Diese Seiten sind ein wichtiger Teil des Portfolios. Auf diese Weise können die Eltern dazu beitragen, dass dem Kind das Portfolio vertraut wird. Vielen Eltern macht es Spaß, die Familienseiten zu gestalten. Eine Mutter stellte den Wortschatz ihres Kindes so vor:

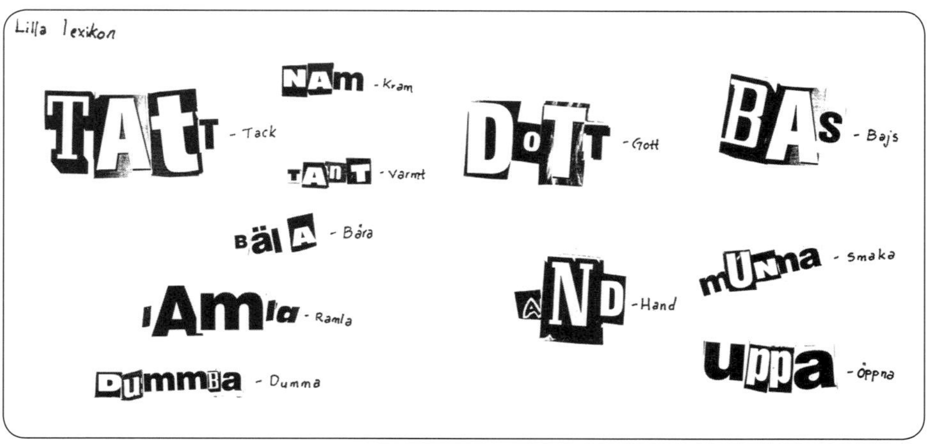

Lillas Lexikon

▶ Die „Das mag ich"-Liste

Die Eltern tragen auch zur „Das mag ich"-Liste bei, in die sie schreiben, was ihre Kinder mögen.

„Das mag ich"-Liste

Name: Tindra Lind Gruppe: gelb Datum: 2005/09

Tindra
(Name)

mag gewöhnlich …

Obst: Bananen

Essen: probiert alles

Lesen: Kaut an und zerreißt Zeitungen

Spielsachen: Bälle und Bauklötze

Schläft so ein: Nuckel, liegt z. Z. auf dem Rücken

Wird getröstet durch: auf dem Schoß sitzen

Mag nicht: sich anziehen

Ist allergisch gegen: bis jetzt noch keine Allergie

Übriges: mag Musik, tanzt gern

Die „Das mag ich"-Liste, Formular auf S. 120.

▶ Das Smiley-Interview

Für das Entwicklungsgespräch bekommen die Eltern ein Interviewformular mit frohen und traurigen Smileys mit nach Hause. Die Eltern finden meistens, dass es spannend ist und Spaß macht, sich auf diese Weise mit ihrem Kind darüber zu unterhalten, was es im Kindergarten macht und was es darüber denkt.

Kinderinterview

Name: Louisa Gruppe: rot Alter: 5

Interviewer: Papa Datum: 06/09

Was magst du?			Kommentar
zum Kindergarten gehen	☺ X	☹	
Sammeln	☺	☹ X	
Mittagessen	☺ X	☹	
Kreise	☺	☹ X	darf nicht neben der Pädagogin sitzen
Spiele drinnen	☺ X	☹	
Märchenstunde	☺ X	☹	
Wann fühlst du dich so?	☺		wenn ich schaukeln darf
Wann fühlst du dich so?	☹		wenn jemand mich nicht mitspielen lässt

Womit spielst du meistens drinnen? Barbie, "Kinder von Bullerbü"

Womit spielst du meistens draußen? Schaukeln, Seeräuber

Was willst du lernen? auf den Händen laufen

Was wollen Sie Ihr Kind fragen?

Frage: Was macht dir Spaß?

Antwort: mit Barbies spielen

Das Smiley-Interview. Papa interviewt die fünfjährige Louise.

▶ Das Lernen

Im Frühling bitten wir die Eltern vor dem Entwicklungs-Auswertungsgespräch, darüber nachzudenken und aufzuschreiben, was das Kind ihrer Meinung nach von August bis jetzt gelernt hat. Einige Eltern finden es schwer zu beantworten, andere nicht. So schrieb ein Elternteil:

Beispiel

„Frederik war unheimlich stolz, als er nach Hause kam und uns die verschiedenen Namen für die Dinosaurier beibringen konnte. Es war das erste Mal, wo es so deutlich wurde, dass er als Kleinster in der Familie etwas wusste, was wir anderen nicht konnten. Papa, Mama, Oma und Oma lernten so etwas Neues."

▶ Das Portfolio beim Entwicklungsgespräch

Beim Entwicklungs-Auswertungsgespräch mit den Eltern im Frühling ist das Portfolio selbstverständlich dabei. Die Pädagoginnen haben so einen konkreten Ausgangspunkt für den Gesprächsverlauf. Das Portfolio macht auch den Entwicklungsplan sichtbar, auf den man sich im Herbst geeinigt hat.
Wir überlegen, ob das Kind eine kürzere oder längere Zeit beim Gespräch dabei sein kann. Bei dem Abschlussgespräch im Frühjahr, bevor das Kind zum Kindergarten kommt, sind die Kinder immer dabei. Je weiter die Portfolioarbeit fortgeschritten ist, desto einfacher ist es, auch die jüngeren Kinder am Gespräch teilnehmen zu lassen. Alle Beteiligten sind ja mit dem Material vertraut. Wenn die Kinder dabei sind, sollen sie diejenigen sein, die den Inhalt des Portfolios zeigen und darüber sprechen. Die Erwachsenen beteiligen sich staunend und reflektieren mit dem Kind zusammen über Fragen wie: „Was hast du gelernt? Wie hast du das gelernt? Wozu ist es gut, das zu lernen?" usw. Es ist wichtig, dass wir viel positive Rückmeldung geben und das Kind beim Gespräch loben, sodass das Kind stolz darauf ist, was es gelernt hat. Das Portfolio dient allen Beteiligten als spannende und Spaß machende Grundlage für das Gespräch.

11 Das Portfolio folgt in die Schule

Der Kindergarten soll eine vertrauensvolle Zusammenarbeit mit den Vorschulklassen, der Schule und dem Hort anstreben, um eine allseitige Entwicklung und das Lernen des Kindes in einer längeren Perspektive zu unterstützen. Die Zusammenarbeit soll von den nationalen und lokalen Zielen und Richtlinien ausgehen, die für die jeweiligen Arbeitsbereiche gelten.

(vgl. schwedischer Bildungsplan, Lpfö 98, Die Zusammenarbeit mit den Vorschulklassen, der Schule und dem Hort, S. 16)

Der Übergang vom Kindergarten zur Schule ist in den einzelnen Kommunen verschieden, abhängig von den lokalen Bestimmungen. Das Portfolio kann die Brücke zwischen den verschiedenen Einrichtungen sein. Die Materialien im Portfolio zeigen deutlich die Lernentwicklung des Kindes. Lehrer, Eltern und Pädagogen können gemeinsam die Entwicklung und die Fähigkeiten des Kindes nachvollziehen. Auf diese Weise kann das Kind in der Schule da abgeholt werden, wo es steht – an seine Stärken kann angeknüpft werden, und eventuelle Schwächen können direkt gezielt gefördert werden. Das Kind nimmt sein Portfolio mit in die Schule, wo es weitergeführt wird. So kann es stolz den Lehrern und seinen neuen Mitschülern sein Portfolio präsentieren und fühlt, dass es am Übergangsprozess beteiligt ist. Wir meinen, dass das Portfolio sehr gut geeignet ist, um die Zusammenarbeit zwischen Kindergarten und Schule im Sinne der Kinder zu fördern.

12 Portfolio – ein Konzept für alle

Hoffnung ist nicht das Gleiche wie Optimismus. Es ist nicht die Überzeugung, dass etwas glückt. Es ist die Einsicht, dass etwas einen Sinn hat, unabhängig davon, wie es kommen wird!
(Vaclav Havel)

Im Kindergarten sind wir meistens recht praktisch eingestellt. Ganz der Tradition des Kindergartens entsprechend ist es häufig ein praktischer Bedarf, der der Ausgangspunkt für die Entwicklungsarbeit ist. Wir haben im Gefühl, ob etwas gut und interessant ist und ob es auf die eine oder andere Weise nützlich für die Kinder ist. Wir sehen Vorteile in dieser Verhaltensweise. Zum einen engen wir uns nicht in einer Theorie ein, die wir dann in der Praxis beweisen müssen. Zum anderen fangen wir meistens mit dem an, was uns inspiriert und Spaß macht. Wenn wir feststellen, dass ein Projekt sich nicht in der Praxis bewährt, lassen wir es einfach fallen.
Das macht uns auch offen für neue Ideen. Unser Ausgangspunkt für die Portfolioarbeit war der Rahmenplan. Während unseres ganz persönlichen Weges haben wir auch eine Menge andere Vorteile mit der Portfolioarbeit gefunden, und wir wollen diese hier aufzeigen:

Aus der Perspektive des Kindes

Das Kind bekommt:

- ein größeres Selbstvertrauen. Das Kind fühlt: „Ich bin gut, ich kann etwas."
- Ein konkretes Bild von seiner Entwicklung auf verschiedenen Gebieten, angefangen von den ersten Versuchen.

- Einsicht in sein Lernen.
- Es sieht sein Lernen in einer längeren Perspektive.
- Zeit, um zu reflektieren.
- einen Zusammenhang und Verbindung zwischen sich und den Gruppen.
- staunt über sich selbst.
- etwas, was es zeigen kann und worauf es stolz sein kann.
- Reflexion und Rückmeldung von den Eltern, Pädagoginnen und Freunden, Verwandten und Besuchern.
- Hilfe beim Aufheben und Dokumentieren.

Auf die Frage, wozu es gut ist, sich an das zu erinnern, was man im Kindergarten macht, sagen die Kinder unter anderem:

Beispiel

> Um etwas zu wissen, z. B. „was ich mache", „was man machen kann" oder „um nicht zu vergessen". Um jemandem erzählen zu können, z.B. den Eltern, den Verwandten und den Freunden.
> Um sich an die Kindheit zu erinnern. Man will vielleicht wissen, wenn man erwachsen ist, was man in dem Kindergarten gemacht hat, das kann man seinen Kindern erzählen."

Aus der Perspektive der Eltern

Die Eltern bekommen:

- Einblick in das, was die Kinder machen und können.
- Einblick in das, was ihre Kinder gelernt haben.
- können am Lernen des Kindes im Kindergarten teilnehmen.
- wissen mehr über ihr Kind.

- Einsicht in den Auftrag und die Arbeit im Kindergarten.
- Einsicht in die Sichtweise der Pädagoginnen auf die Kinder und das Wissen und das Lernen der Kinder.
- ein größeres Verständnis für den Rahmenplan des Kindergartens.
- größere Möglichkeit der Einflussnahme.
- eine größere Anteilnahme beim Entwicklungsgespräch.

Wie es ein Elternteil ausdrückte: „Die Entwicklungsgespräche sind durch den Blick ins Portfolio anschaulich geworden."

Aus der Perspektive der Pädagoginnen

Wir bekommen:

- eine bessere Möglichkeit, das einzelne Kind dort abzuholen, wo es sich in seiner Entwicklung befindet.
- eine einfache und deutliche Art und Weise, die Entwicklung und das Lernen des Kindes zu dokumentieren.
- einen Wegweiser über die Interessengebiete des Kindes und darüber, was ihm Spaß macht.
- ein größeres Verständnis für die verschiedenen Lernstrategien.
- Es wird leichter, ein Kind von einer anderen Gruppe oder einem anderen Kindergarten zu übernehmen.
- einen Fokus auf unseren Bildungsauftrag.
- eine Konkretisierung des Auftrags.
- eine Verdeutlichung unseres Auftrages gegenüber den Kindern und den Eltern.

Das sind die Vorteile, die wir sehen und erlebt haben bei der Arbeit mit dem Portfolio. Es ist eine interessante, spannende und vor allem Spaß machende Weise, zu arbeiten, in der die pädagogische Entwicklung vom Kind ausgeht.

In jedem Kindergarten gibt es einen Punkt, von dem aus gestartet wird, an dem man Lust bekommen hat und die vermuteten Hindernisse überwindet.
In unserem Buch haben wir gezeigt, wie wir mit der Arbeit begonnen haben.

Wir haben eine Struktur, einen Inhalt und eine Arbeitsweise gefunden. Der nächste Schritt ist, sich in den Inhalt der Rubriken „ich kann", „Familie und Freunde" und „ich finde" zu vertiefen. Wir möchten eine Arbeitsweise erarbeiten, die die Kinder dazu ermuntert, über das eigene Lernen und über die Werte und Normen nachzudenken. Wir wollen auch, dass die Kinder einen größeren Einfluss auf das Portfolio nehmen können. Wichtig ist auch die Zusammenarbeit zwischen den Pädagoginnen der verschiedenen Gruppen des Kindergartens, sodass das Kind deutlicher den roten Faden, der durch die Kindergartenzeit läuft, erkennen kann.
Wir hoffen, dass wir Sie mit diesem Buch inspiriert haben und Sie eine Idee bekommen haben, wie man mit der Portfolioarbeit beginnen kann. Wir selbst sehen einer weiteren, spannenden Entwicklungsarbeit entgegen!

Kinderinterview

Name: .... Gruppe: .... Alter: ....

Interviewer: .... Datum: ....

Was denkst du über?			Kommentar

Wann fühlst du dich so?			
Wann fühlst du dich so?			

Was spielst du meistens drinnen? ....

Was spielst du meistens draußen? ....

Was willst du lernen? ....

Welche Frage möchten Sie Ihrem Kind stellen?

Frage: ....

Antwort: ....

Spielbeobachtungen

Name: .... Gruppe: .... Datum: ....

Ecke	freies Spielen	mit Pädago-ginnen	allein in der Gruppe	Kommentare und Reflexionen

Was ich im Kindergarten mache

Name: .... Gruppe: .... Datum: ....

Drinnen spielen

Wo? ....

Kommentar:

Draußen spielen

Wo? ....

Dinge des Alltags

Welche?'3 ....

Täglich wiederkehrende Tätigkeiten = an- und ausziehen, Hände waschen, Tisch decken, auf die Toilette gehen, aufräumen usw.

Wie ich etwas lerne/Strategien

Name: .... Gruppe: .... Datum: ....

Was sind die Hauptstrategien des Kindes? Sind sie in verschiedenen Fachgebieten verschieden?	**Kommentare:**
Lernt von anderen Kindern (fragt andere Kinder, guckt, was andere gemacht haben, ahmt nach)	
Lernt von Erwachsenen (fragt Erwachsene, guckt den Erwachsenen zu, bittet Erwachsene, vorzugehen, ahmt nach, was die Erwachsenen machen)	
Lernt durch praktische Erfahrung, probiert selbst aus (lernt, indem es selbst etwas ausprobiert mit zugänglichem Material, will selbst machen)	
Lernt durch theoretische Erfahrung (gucken, warten, probieren, guckt, wenn andere Kinder etwas machen, wählt die Aktivität, nachdem es nachgedacht hat)	
Lernt durch ein alleiniges Spiel	
Lernt durch das Spielen in kleinen Gruppen	
Lernt durch das Spielen in großen Gruppen	
Andere Strategien	

Dokumentation für das Portfolio

(Was sollen wir fürs Portfolio dokumentieren und sammeln?)

großes X = fotografiert
kleines x = in die Sammelmappe gelegt

Name	Was?	Was?	Was?	Was?	Was?

„Das mag ich"-Liste

Name: .... Gruppe: .... Datum: ....

....

(Name)

mag gewöhnlich …

Obst: ....

....

Essen: ....

....

Lesen: ....

....

Spielsachen: ....

....

Schläft so ein: ....

....

Wird getröstet durch: ....

....

Mag nicht: ....

....

Ist allergisch gegen: ....

....

Übriges: ....

....

....

Literaturtipps

Bostelmann, Antje (Hrsg.):
Das Portfolio-Konzept in der Grundschule.
Individualisiertes Lernen organisieren.
Verlag an der Ruhr 2006.
ISBN 978-3-8346-0137-7

Bostelmann, Antje (Hrsg.):
Bildungsabenteuer Kindergarten
Lernen in den sechs Bildungsbereichen –
Erprobte Projekte zum Nachmachen.
Verlag an der Ruhr 2007.
ISBN 978-3-8346-0246-6

Bostelmann, Antje (Hrsg.):
Das Portfolio-Konzept für Kita und Kindergarten.
Verlag an der Ruhr 2007.
ISBN 978-3-8346-0199-5

Shores, Elizabeth F./Grace, Cathy:
Das Portfolio-Buch für Kindergarten und Grundschule.
Verlag an der Ruhr 2005.
ISBN 978-3-86072-943-4

Internettipps

www.gew.de/Bildungsbereiche
Seite mit Infos zu den Bildungsbereichen und zur Kindergartenpädagogik.

www.kindergartenpaedagogik.de
Seite mit umfangreichen Literaturtipps und Rezensionen zur Kindergartenpädagogik.

www.portfolio-schule.de
Forum für Pädagogen, die mit Portfolios arbeiten oder arbeiten wollen.

www.verlagruhr.de
Die in diesem Werk angegebenen Internetadressen haben wir geprüft (Januar 2007). Da sich Internetadressen und deren Inhalte schnell verändern können, ist nicht auszuschließen, dass unter einer Adresse inzwischen ein ganz anderer Inhalt angeboten wird. Wir können daher für die angegebenen Internetseiten keine Verantwortung übernehmen.